ティモンディの
ベースボール教室

野球をはじめるみんなへ

野球は、楽しい！ そのことを、知ってほしい！

こんにちは！　お笑い芸人のティモンディです！　今回はこの『やればできる！　ティモンディのベースボール教室』を手に取ってくれて、ありがとうございます。

ぼくたちふたりは、今はお笑い芸人としてテレビやライブ、YouTubeなどを舞台に活動していますが、高校時代は甲子園でも優勝経験がある愛媛県の済美高校野球部で、甲子園優勝、プロ野球選手を目指していました。

この本を作るうえで、プロ野球選手でもなければ、指導者でもないぼくらに、一体なにができるのかを考えたとき、まずは「これから、野球をはじめる子どもたち」や「野球をはじめたばかりの子どもたち」に、少しでも

野球の楽しさ、すばらしさを伝えたい――。そんな思いで、ぼくらの経験やアドバイスを1冊にまとめました。

僕たちふたりは、高校野球界では「名門」といわれる高校の野球部でプレーしていましたが、夢であり、目標だった甲子園にも行けなければ、プロ野球選手にもなれ

はじめに

野球をはじめるみんなへ

ませんでした。でも、野球というスポーツから、それ以上に大きな経験をさせてもらいました。

野球がなければ、ぼくらは出会っていなかったし、お笑い芸人にもなっていなかったと思います。

甲子園、プロ野球選手という夢はかなわなかったけど、お笑い芸人という新たな夢を、野球がプレゼントしてくれました。

今は子どもの数が少なくなって、少年野球の人口もどんどん減っているという話を聞きます。

もちろん、仕方がない部分もあると思うけど、たくさんのものをくれた野球に、少しでも恩返しがしたい。

この本では、「野球を楽しんでもらいたい」という思いから、「速いボールを投げる」「打球を遠くへ飛ばす」という、ふたつを大きなテーマにして、技術や心のアドバイスを解説しています。

もちろん、野球の技術に「正解」はありません。ひとりひとりに、ちがう正解があって、「これが正しい！」と言いきることはできない。実際、ぼくらふたりも野球選手としては全然タイプが違います。

でも、もしかしたら僕らの経験やアドバイスが、だれかの「正解」になるかもしれない。

この本を読んで、ひとりでも多くの子どもたちが、野球の楽しさを知ってくれたり、自分なりの「正解」を見つけてくれたら、こんなにうれしいことはありません。

もくじ

67 PART3 バッティング ～強い打球を打つ～

もくじ

COLUMN

PART 1

捕る、投げる

～野球の基本～

BASIC

【野球の基本】

ボールのにぎり方

ボールをあつかう前に、まずは「どうやってにぎるのか」をおぼえよう！
ぬい目にしっかりと指をかけることが、速いボールを投げる第一歩だ！

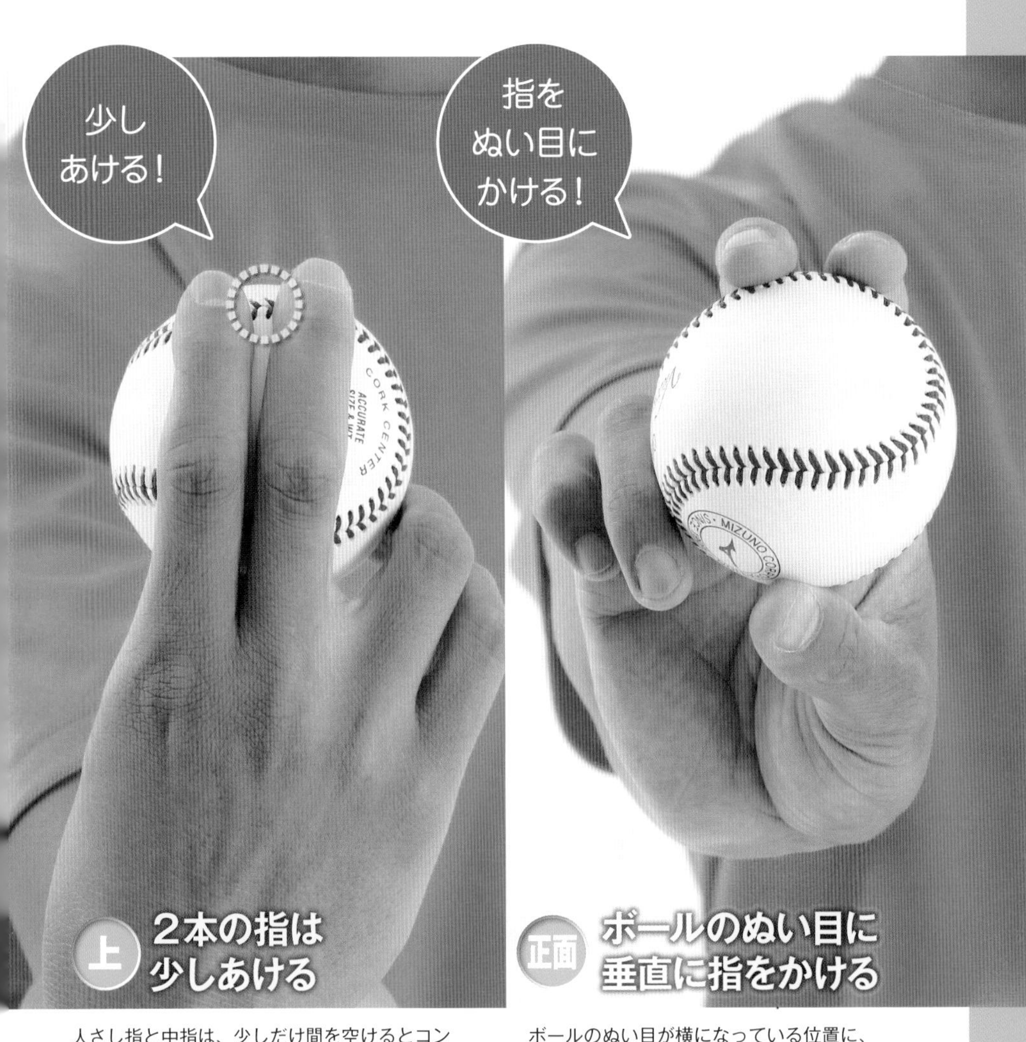

人さし指と中指は、少しだけ間を空けるとコントロールがつけやすい。速いボールを投げるために、2本の指をくっつけるピッチャーもいる。

ボールのぬい目が横になっている位置に、人さし指と中指の先がかかるようににぎる。

にぎり方は人それぞれ 自分に合ったにぎり方を探そう！

手の小さい小学校低学年のころは、「正しいにぎり」で投げるのがむずかしいこともある。そんなときは、たとえば「わしづかみ」で投げても大丈夫！　手が大きくなってきたら少しずつ、正しいにぎり方にチャレンジしてみよう。人さし指と中指の間をどのくらいあけるかは、スピードとコントロールを考えながら自分に合ったモノを見つけてみて！

リリースに力を集中させる！

ボールは投げる直前まで"つまむ"ように持ち、投げる瞬間（リリース）に指先に力を入れてグイッ！と押し出すイメージ。これが、速いボールを投げるポイントだ！

ボールは"にぎる"というより、人さし指、中指、親指の3本で"つまむ"ように持つ。

相手をよく見て投げよう

ボールを投げるとき、一番大切なのは「投げる相手をよく見る」こと。まずはこの基本をしっかりと守れば、コントロールもつきやすくなる。

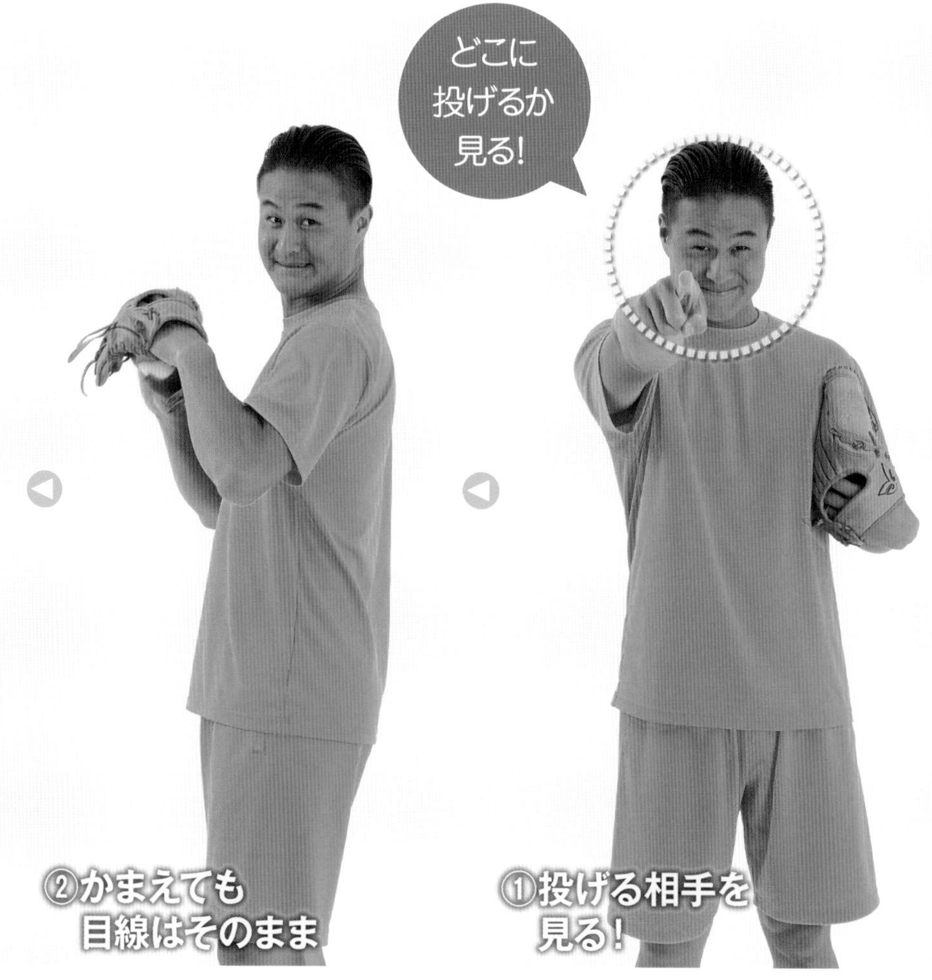

投げる前、かまえの段階でも相手をしっかりと見よう。

だれの、どこに投げるかを最初にしっかりと考えて“目標”を決める。

最初は、しっかりと相手に向かって投げることを考えよう！

ボールを投げるとき、まず大切なのが「しっかりと相手に投げる」こと。理想は、相手の胸あたり、グラブをかまえている場所にちゃんと投げこめれば◎。「速いボールを投げる」ことも大切だけど、まずはコントロール良く、相手に向かって正確に投げられるようになることが、上達の第一歩になるはず！

④投げ終わりも目線はそのまま

ボールを投げる瞬間、投げ終わった後も、しっかりと投げる方向、相手を見ることで、コントロールがつけやすくなる。

③グラブを目標に向ける

投げる方向にしっかりとグラブを向けることで、目標がわかりやすくなる。

【野球の基本】

ボールは正面で捕ろう

ボールを捕るときは、
しっかりと体の正面、もしくは右側の「捕りやすい位置」で捕ることが大切だ。
正しい位置で捕れば、投げる動作にもスムーズにうつることができるよ。

◎自分のやや右側で捕る

正面じゃなくても、自分から見てやや右側、相手から見たら左側で捕ると、投げる動作にうつりやすくなる。

◎正面で捕る

胸でかまえたグラブの位置でしっかりと捕るのが理想的。

投げる側も、捕りやすい位置をイメージして投げてあげよう！

正しい位置でボールを捕るためには、投げる側が捕りやすい位置に投げてあげることも大切。キャッチボールのときからしっかりと意識して、相手の正面、もしくは（自分から見て）やや左側に投げられるようにイメージしておくと◎！そういう投げる側の“やさしさ”は、きっと相手にも伝わるはずだよ！

体の左側で捕る

自分から見て左側、相手から見て右側で捕ると、投げる動作にうつりにくい。

体の近くで捕る

腕を曲げて、体の近くで捕ってしまうと、きゅうくつになってしまう。捕球ミスにもつながるし、投球動作にもうつりにくい。

◎腕を伸ばした位置で捕る

腕をしっかりと伸ばして、体の正面で捕るのが理想的。

【キャッチボール】

捕る、投げるはキャッチボールから！

正しい投げ方、捕り方を学ぶためにはキャッチボールが一番！
お父さん、お母さんや友達、チームメイトとボールを投げ合うことで、
自然と正しい動きが身につくはず！

相手をしっかりと見て投げよう

P12、14でも紹介しているように、ボールを投げる相手、投げてくるボールをしっかりと“見る”ことが大切。まずは近い距離から、無理のないスピードでキャッチボールをしてみよう！

前田流 ワンポイントアドバイス

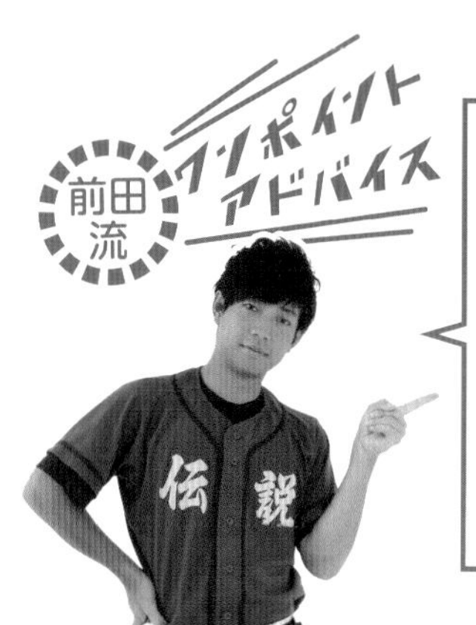

まずは近い距離からでも大丈夫！捕りやすさ、投げやすさを意識しよう

野球をはじめたばかりのときは、いきなり「キャッチボールをやれ」と言われても、意外とむずかしい。軟式ボールでも体に当たれば痛いし、飛んでくるボールを捕るなんてはじめての体験のはず。そんなときは、近くから投げたり、やわらかいボールをつかったり、次のページで紹介するゴロやワンバウンドのキャッチボールも試してみて！

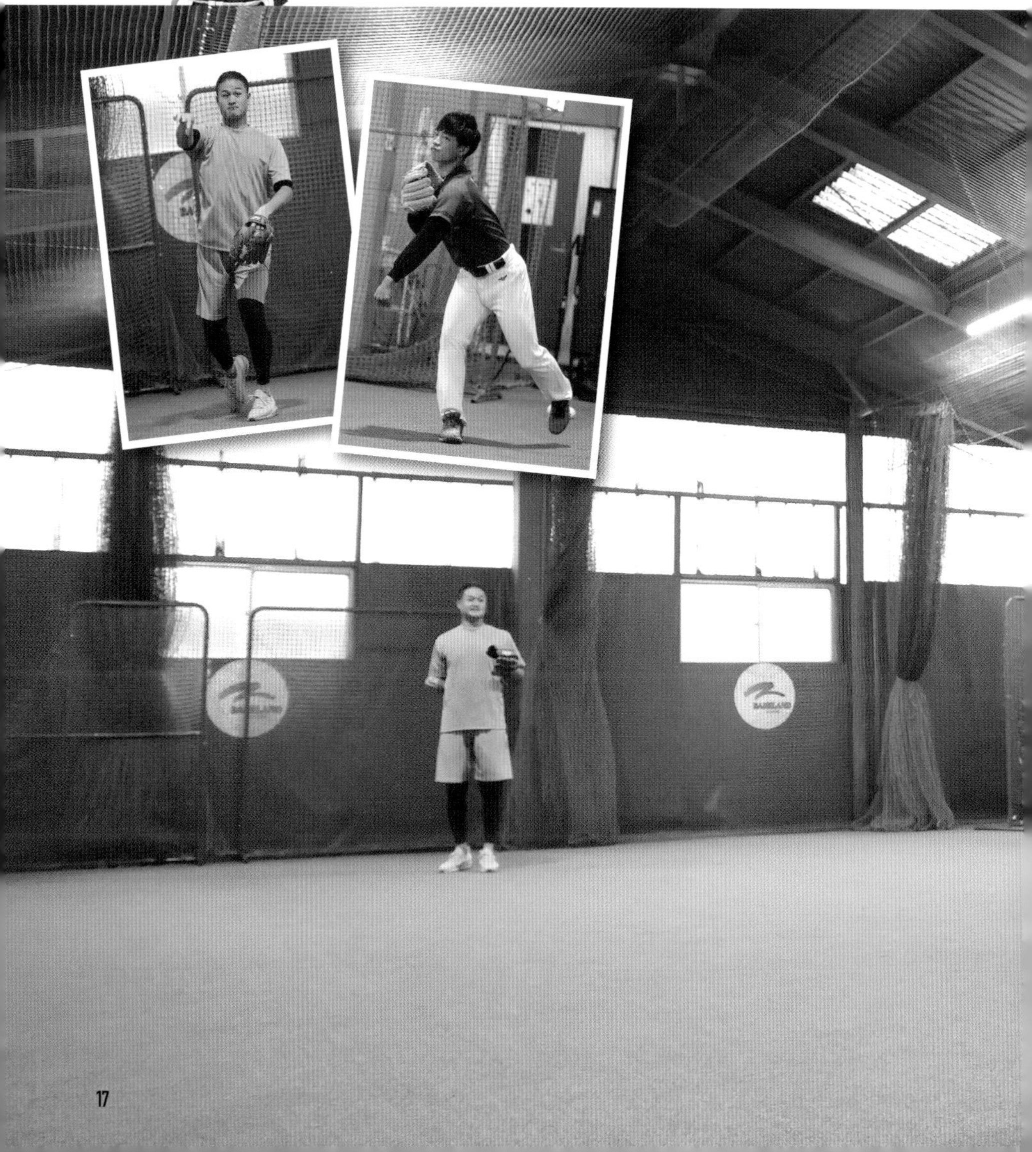

ティモンディからみんなへ！
野球が上手くなる格言 1

最初から上手い人なんて、いない！

はじめて教わったことを、いきなりできた経験は一度もない

高岸　プロ野球選手もメジャーリーガーも、はじめて野球をやったときはみんなが初心者。最初から野球が上手だったわけじゃない。ぼく自身、野球をはじめてからまともにキャッチボールができるようになるまで、1年間もかかった。

まわりの友だちよりも不器用で、監督やコーチから教わったことを「いきなりやれた」経験は一度もない。それでも、毎日コツコツやっていると少しずつ上手くなってくるのが分かるし、それが楽しくなってくる。

そうやって自分の「成長」を実感しながら、楽しみながら続けていくうちに、気づけば高校、大学と野球の「名門」といわれる学校に入れるまでになることができたんだ。

もちろん、なかには器用な子もいるし、最初からそれなりに上手くやれる人もいる。でも、あせることはない！　コツコツやれば、ぜったいにみんな、上手くなれる！

【キャッチボール】

ゴロキャッチボール

ノーバウンドのボールを捕るのがこわいときは、
ゴロを投げ合う「ゴロキャッチボール」からはじめてみよう。
ボールをよく見るクセをつけるのにも有効だよ！

①相手の正面を
目がけてゴロを投げる

相手と正対して、下手投げでやさしく
ゴロを投げてあげる。

最初はゆるく、慣れてきたら コースを変えてもOK！

「野球の基本はキャッチボール」とよく言うけど、実はかなりレベルが高い。特に小学校低学年の場合、いきなりノーバウンドで投げるのではなく、ゴロなど「捕りやすい」ボールを投げて「ボールはこわくない」というイメージをつけよう。慣れてきたらゴロのスピードを上げたり、少しコースを変えることでゴロ捕球の練習にもなるよ！

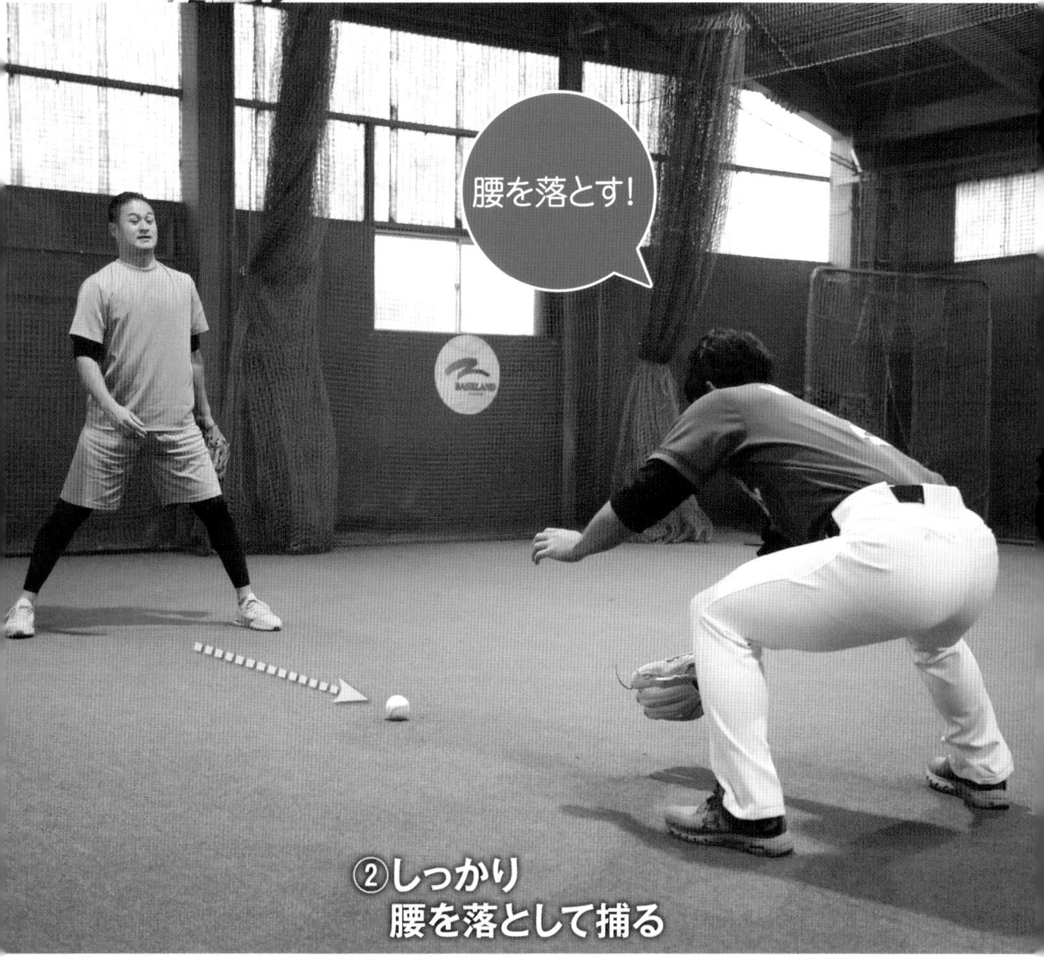

腰を落とす!

②しっかり 腰を落として捕る

捕る側はボールの正面にかまえ、しっかりと腰を落としてグラブを出して捕球する。

【キャッチボール】

ワンバウンドキャッチボール

ゴロキャッチボールになれてきたら、
次は「ワンバウンド」で投げ合うキャッチボールにレベルアップ！
少しずつボールになれていけば、こわさもなくなる！

相手との距離の半分くらいの場所めがけて、ボールをたたきつける。ワンバウンドで相手の胸の位置にボールが届くよう、力加減を少しずつおぼえていこう。

投げる側もコントロールに気をつければ上達が早くなる！

ワンバウンドでしっかりと相手の胸の位置にボールを投げ込むのは、意外と難しい。どこに、どのくらいの力加減でバウンドさせればいいかをつかめれば、正しいリリースのしかたや力の入れ方、コントロールも自然と身につく。相手がとりやすいボールをイメージして、しっかりと地面にボールをたたきつけてあげよう。

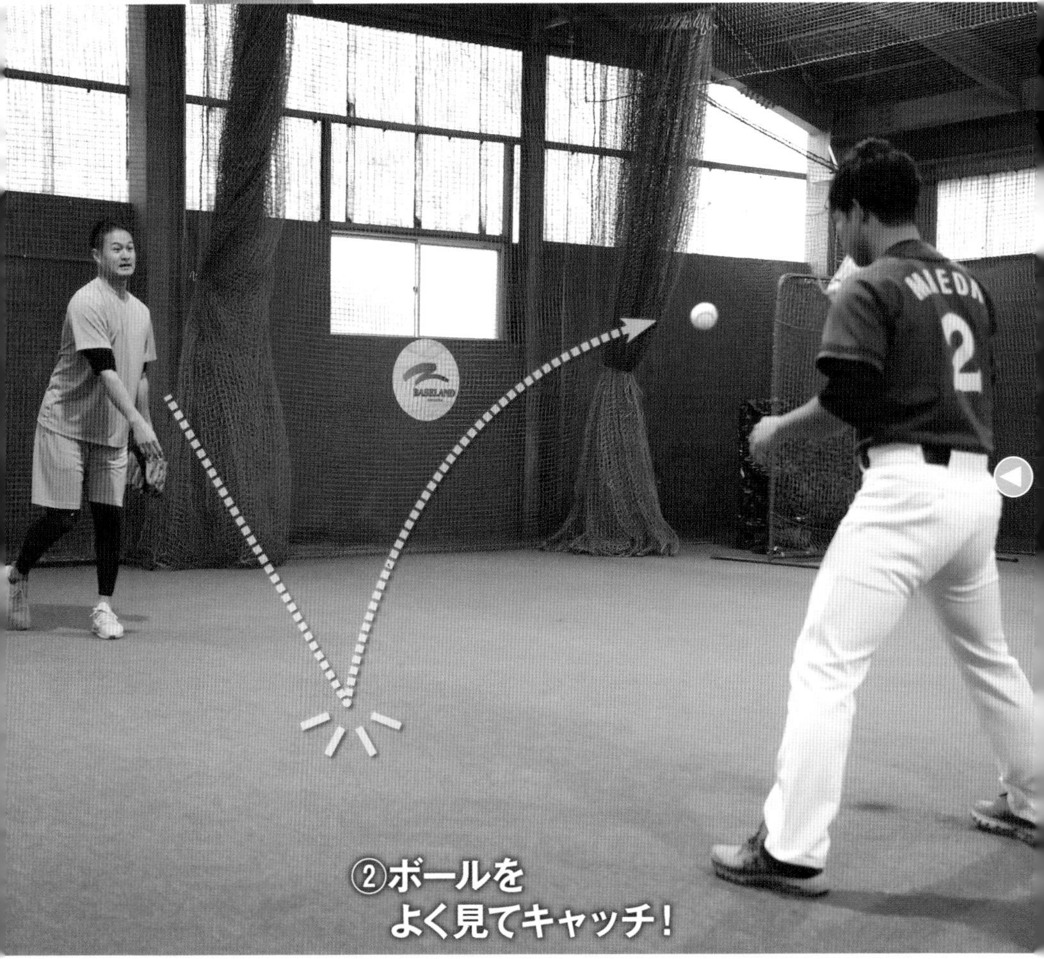

②ボールをよく見てキャッチ！

相手が投げたボールから目を離さないようにして、しっかりとグラブを出して捕球する。

【キャッチボール】

少しずつ距離を伸ばす

キャッチボールをするとき、はじめから長い距離でやる必要はない。まずはボールがとどく、コントロールがつけやすい距離からはじめて、少しずつ距離を伸ばしていこう。

とくに低学年のうちは、しっかりと相手にボールが届き、胸もとに投げられるくらいの距離でキャッチボールをはじめよう。

いきなり背伸びせず、自分に合った距離で！

ぼくも、野球をはじめたころはまともにキャッチボールもできなかったけど、少しずつなれていくことで速いボールが投げられるようになった。上手い友だちがまわりにいるとどうしてもあせってしまうかもしれないけど、まずは「自分が投げられる距離」のキャッチボールがしっかりとできるようになってから、少しずつ成長していけば大丈夫！

少しずつ
はなれて
みよう！

②なれてきたら距離を伸ばす

短い距離でしっかりと相手に投げられるようになったら、少しずつ距離を伸ばしていく。段階をふんでいくことで、遠くに投げる力やコントロールも身につけやすい。

ティモンディからみんなへ！
野球が上手くなる格言 ②

夢はなるべく具体的にイメージしよう！

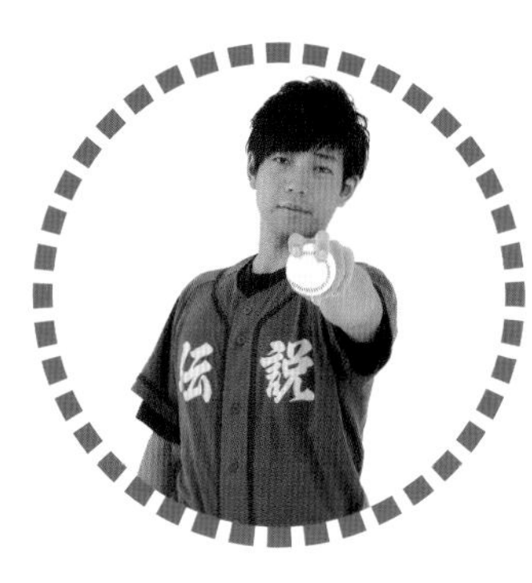

自分がどうなりたいかを考えれば
なにをすればいいかもわかる！

前田　ぼくは子どものころからずっと、「プロ野球選手になりたい」という夢を持ち続けていました。でも、いま考えるとプロ野球選手そのものがゴールになっていて、「どんな選手になりたい」「どんな成績を残したい」という具体的なイメージまで持てていなかった。

　夢が具体的になると、たとえばそのために自分がなにをしなければいけないのかがはっきりとわかるし、そこに向かっていくパワーにもなる。

　いまはお笑い芸人として新しい夢に向かって毎日がんばっているけど、２０２０年には「高岸にプロ野球の試合で始球式をやらせる」というひとつの夢がかないました。

　でも、これで終わりじゃない。まだまだかなえたい夢はたくさんあるし、そのために高岸と一緒に、これからもいろいろなことに挑戦していきたいです。

【キャッチボール】

ボールをよく見て捕る

キャッチボールでも守備でも、「捕球」のポイントはボールをよく見ること。
ボールから目を離さないことで、捕球ミスも減り、確実性が一気に高くなる。

①相手が投げる前からボールを見る

相手がボールを持って、投げる前からボールを見続ける。どこに飛んでくるかがわかれば、グラブを出して捕球の準備もできる。

②グラブに手をそえる

捕球するときは、グラブをはめていない方の手をしっかりとそえて、グラブからボールがこぼれないように意識する。

高岸流 ワンポイントアドバイス

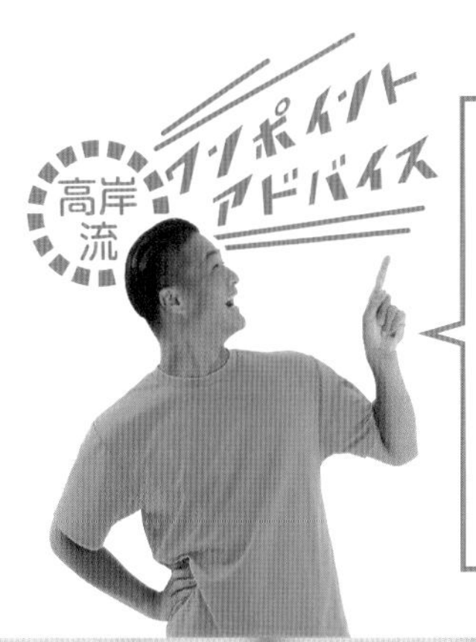

まずは「捕る」ことを第一に考えよう！

ボールをキャッチするとき、目を離してしまう理由はいくつかある。なれてくると、捕る前から次の「投げる」ことを考えてしまってボールから目が離れてしまうことがあるけど、それがミスのもと。とくに小学生のうちは、ボールを捕る瞬間までは、「投げる」ことよりも「捕る」ことを第一に考えよう。

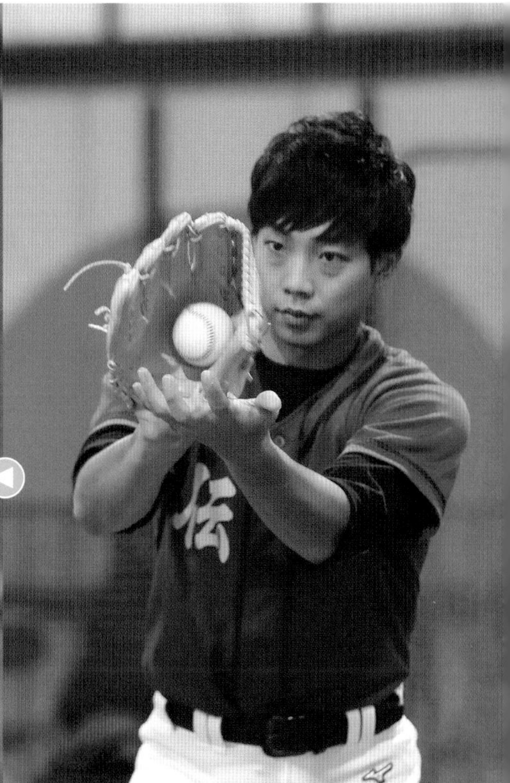

③キャッチの瞬間も目を離さない

ボールがグラブに収まった瞬間も、決して目を離してはいけない。

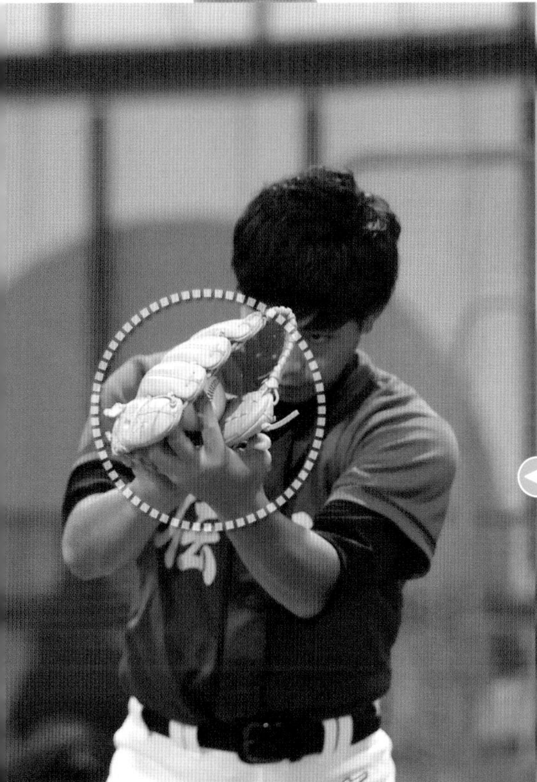

④両手でキャッチするイメージ

捕球したらグラブを閉じ、もう片方の手でしっかりと「フタ」をするようにボールを抑える。

【野球の基本】

グラブ、バット選び

野球をはじめるときに最初に悩むのが、グラブやバットなどの道具選び。
はじめての道具選びのとき、どんなことを気にすればいいのか、
教えて！ティモンディ！

やわらかくて使いやすいグラブを選ぼう！

小学生、とくにはじめてグラブを買うときは、なるべくやわらかくてあつかいやすいグラブを選ぶほうが◎。硬いグラブだと、とじるだけでつかれてしまうこともある。

高岸流 ワンポイントアドバイス

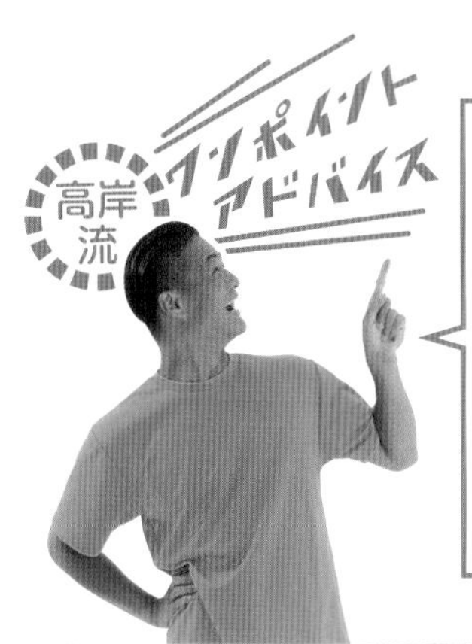

道具選びには イメージも大切！

あつかいやすい道具を選ぶのはもちろんだけど、たとえば好きなプロ野球選手やあこがれの先輩が使っているものとおなじものだったり、シンプルに好きな色、カッコいいと思う形のように、自分が道具を使う「イメージ」がわきやすいものを選ぶのもオススメ！グラブやバットはきみの相棒！ぜひ、心がときめく道具を選んでほしい！

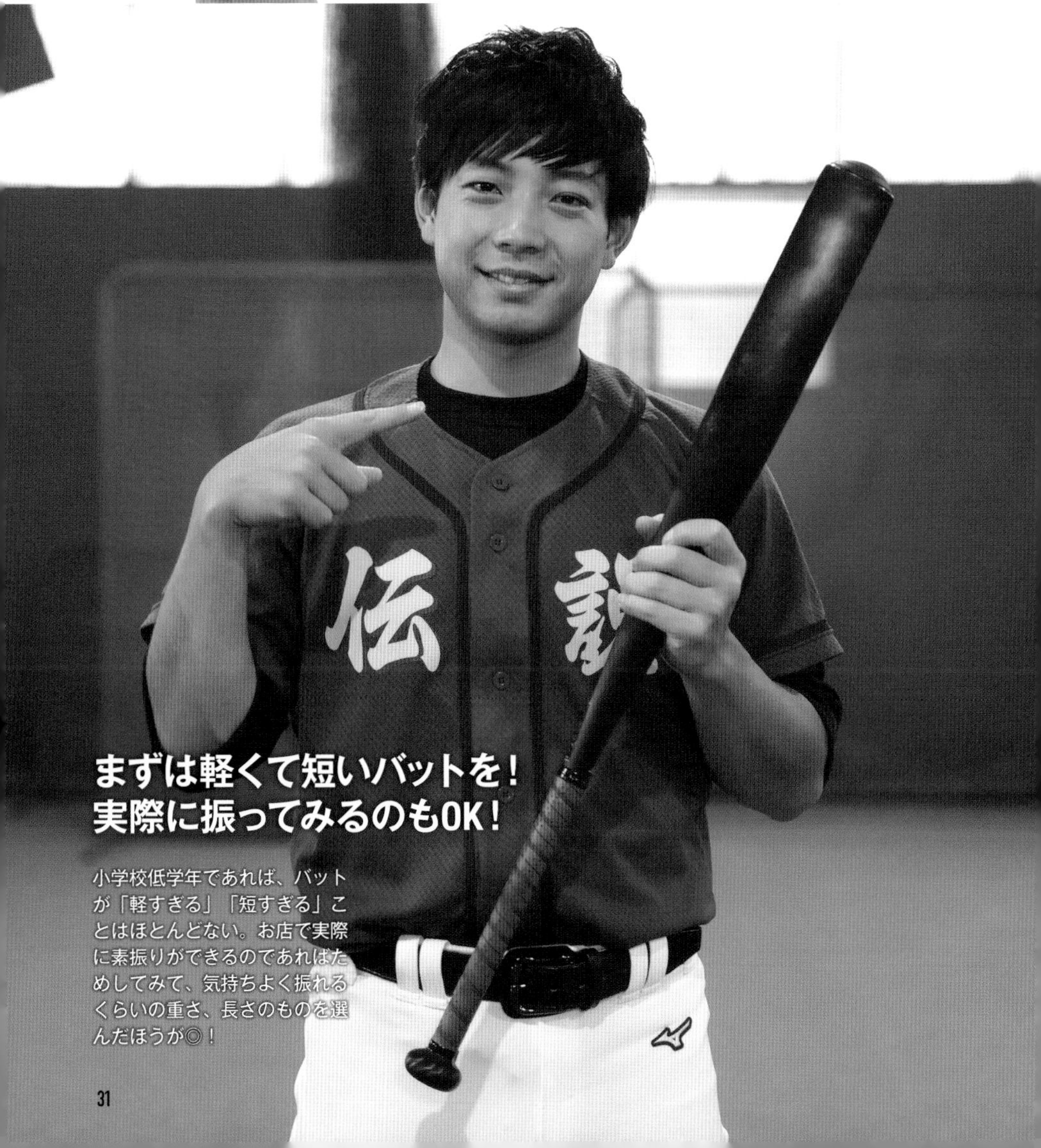

まずは軽くて短いバットを！実際に振ってみるのもOK！

小学校低学年であれば、バットが「軽すぎる」「短すぎる」ことはほとんどない。お店で実際に素振りができるのであればためしてみて、気持ちよく振れるくらいの重さ、長さのものを選んだほうが◎！

ボールがこわいときは、どうすればいいの？ Q

ボールが捕れた！という成功体験をつみ重ねよう！

前田★野球をはじめたばかりの子どもにとって、「ボールがこわい」のはあたりまえ。なぜなら、経験がないからです。今まで見たことのない軌道で、ほとんどさわったこともないボールが自分に向かって飛んでいたら、大人でもこわいはず。ましてや、それを捕ったり、打ったりしなければいけないのだから「ボールがこわい」と感じることはべつに不思議なことではありません。

少年野球では、チームに入った子にいきなりキャッチボールをやらせることもあるけど、実はそれって、けっこうレベルが高いことなんじゃないかなと思います。たしかに、キャッチボールは野球の基本。でも、まともに捕ったり投げたりできないのに、いきなりキャッチボールをやらせても、ぜんぜん楽しくないし、あまり上手くはならない。
初心者のうちは、キャッチボールでももっとレベルを下げて、「捕りやすい」「投げやすい」方法からスタートしてもいいと思います。
たとえば、20ページ、22ページでも紹介している「ゴロキャッチボール」や「ワンバウンドキャッチボール」みたいに、ノーバウンドのキャッチボールよりもかんたんなやりかたで、少しずつボールになれていくのもいいかもしれません。
高岸★ぼくの場合は、野球をはじめてから1年間くらい、まともにボールが捕れなかった経験があります。そんなとき、コーチがなにをしてくれたかというと、まずは正しい位置にグラブをかまえさせて、そこをめがけて下からゆるいボールを投げてくれました。
僕が自分から捕りにいくのではなく、ボールのほうからグラブに向かってくるので、ボールがグラブに当たった瞬間にグラブをとじるだけで捕ることができた。
もし、ボールがそれてしまっても下投げのゆるいボールだから、体には当たらない。そういう練習をくりかえしていくうちに、つみ重ねることができるようになりました。
していくうちに、「ボールが捕れる」という成功体験を少しずつ、つみ重ねることができるようになりました。
ボールが捕れるようになればうれしいし、練習も楽しくなる。そうすると、「もう少し速いボールが捕りたい」「いろいろなコースのボールを自分で捕れるようになりたい」と、もっともっと成長したくなる。
成功体験が自信になって、やる気にもつながる。そうやってステップアップしていけば、いつのまにか「ボールがこわい」という気持ちもなくなっていくと思います。
前田★大切なのは、あせらないこと。はじめはだれでもボールがこわいし、いきなり捕ったり投げたりできるわけじゃない。
スポーツの中でも、とくに野球は日常生活ではほとん

はじめはだれでもこわい！少しずつボールになれよう

ど経験しない動きや感覚が必要なスポーツなので、なにも経験していないのにいきなりやれ！といわれても、それはちょっとムチャな話……。

見たこともさわったこともないコントローラーで、いきなりゲームをやるようなものです。

少年野球でよく使われる「軟式ボール」は、たしかにプロで使われている「硬式ボール」とくらべればやわらかいけど、それでも子どもから見たら重いし、硬い。体に当たれば、大人だっていたい。

だから最初のうちは、ゴムやスポンジでできた「当たってもいたくない」ボールをつかって練習するのもいいかもしれません。

いきなり軟式ボールをつかってキャッチボールをして、体に当たっていたい思いをしたら、「ボールがこわい」という気持ちを克服するのはもっとむずかしくなってしまう。

もし、どこか少年野球チームに入ろうと考えているのであれば、たとえばチームに入る前に近くの公園でお父さん、お母さんとやわらかいボールでキャッチボールしたり、ゴロキャッチボールをして、「ボールになれる」練習をしておくのもオススメです。

ワンバウンドで投げ合ったり、工夫しよう！

高岸★野球をはじめてから1年間、ボールをまともに捕ることができなかったぼくでも、少しずつ練習をつみ重ねて150キロを投げられるようになった。スタートラインは、みんな同じ。

ボールがこわいという気持ちも、みんな同じ。

だから、不安になる必要はありません。「こわさ」は少しずつ、克服できるからです。

あとは毎日の練習を工夫しながら、少しずつでいいからステップアップしていくことができれば、楽しい気持ちを持ったまま、絶対に成長できるし、課題もクリアできると思います。

PART 2

ピッチング

～速いボールを投げる～

PITCHING

ピッチングで大切なこと
～速いボールを投げるためには～

速いボールを投げるためには、
正しいフォームで体のパワーをボールにしっかりと伝える必要がある。
まずは自分に合ったフォームをみつけて、正しい動きをマスターしよう！

POINT

・理にかなった正しいフォームをマスターしよう！
・体のパワーをボールにしっかり伝えよう！
・ボールは腕ではなく、体全体の力で投げる！
・バランスをくずさないことも大切！

【投球フォーム】

かまえ→足を上げる

投球フォームのスタートでもある「かまえ」は、リラックスすることがいちばん大切！
足を上げることで、ボールにパワーを注入する準備ができるよ！

重心が
ブレない
ように！
③体重を軸足に乗せる
④足をしっかりと上げる

足を上げながら、軸足にしっかりと体重を乗せる。

体の中心がぶれないように意識しながら、足をまっすぐ上げる。もっと勢いをつけたいときは、体をひねるケースもある。

体を安定させたいから、大きな動きはしない！

ぼくがワインドアップではなくセットポジションなのは、体の動きを少しでも小さくして「安定」させたいから。動きが増えるとどうしてもブレが生まれて、コントロールがつきにくくなってしまう。もちろん、ワインドアップから大きな動きをつかって、より速いボールを投げるチャレンジをしても、良いと思うよ！

リラックス！

①かまえる

ぼくの場合はセットポジション。このほうが、動きが安定するけど、ピッチャーによっては大きく振りかぶることもある。

②足を上げる準備

まっすぐ立つことを意識して、重心を少しだけ軸足（右ピッチャーは右足）にずらす。

【投球フォーム】

体重移動→ステップ

体重移動をすることでボールに力が加わり、速いボールを投げることができる。
正しく体を動かすことをおぼえて、強くて速いボールを投げよう！

②グラブをホームに向ける

グラブをホームベースの方向に向けて「目標」にしながら、体重を一気にバッターの方向に移動させる。

③右足を思いきりける

右足でプレートを思いきりけり出すイメージで体をバッターの方向へ持っていく。このとき、ボールを持った手は頭の後ろに「残しておく」イメージで。

プレートをうまく使っていきおいをつけよう！

速いボールを投げるには腕の力をつかうだけじゃダメ。下半身の力、体重移動で生まれたパワーをボールに伝えることで、はじめて速いボールが投げられる。ポイントは「プレートをうまく使う」こと。ステップのとき、軸足でプレートを「おりゃっ！」とけることで、一気に勢いがつく。その力を、しっかりとボールに伝えることをイメージしよう！

肩を開かない！

バッター側の肩がしっかりとホーム方向に向いていることを意識しよう。肩が開きすぎたり、逆に閉じてしまうとコントロールもつけにくいうえ、体重移動で生み出したパワーもうまくボールに伝わらない。

①軸足をバッター方向にたおす

左足（左投手は右足）を下ろしながら軸足をバッターの方向にたおし、体重移動をはじめる。

【投球フォーム】

腕をふる→フォロースルー

下半身を正しく動かしたら、最後はボールを持った腕をしっかりとふり切る。正しい腕の使い方をおぼえれば、ボールも勝手に速くなるはずだ！

②左足とグラブで体重を受け止める

ふみ出した左足とグラブで、前に移動した体重をしっかりと受け止める。そうすると、ひじから先が自然と出てくる。

③フォロースルーはしっかり

ボールを投げ終わったあとも、バランスを崩さないように最後まで腕をふり切る。

高岸流 ワンポイントアドバイス

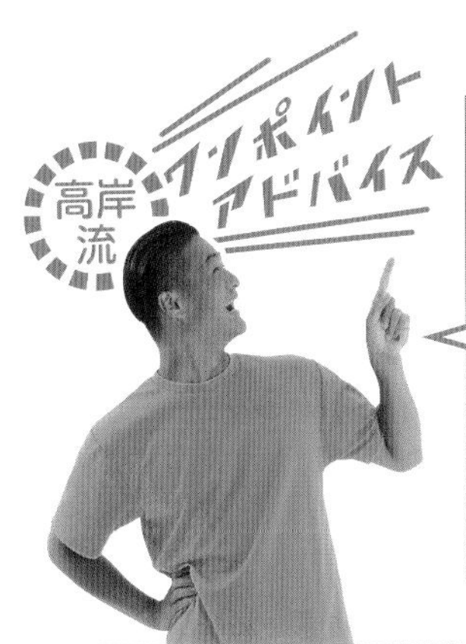

肩から先はほとんど意識せず、「勝手に出る」イメージ

「腕をふる」と言ってはいるけど、実際には「腕をふる」というイメージはほとんどない。下半身からしっかりと動かして体重移動をすれば、肩から先が「くさりがま」のように勝手に出てくる。腕で投げようと力を入れてしまうと、逆にかたくなってしまう。ただ、ボールをはなす「リリース」の瞬間だけは、指先でボールをはじくイメージを持とう！

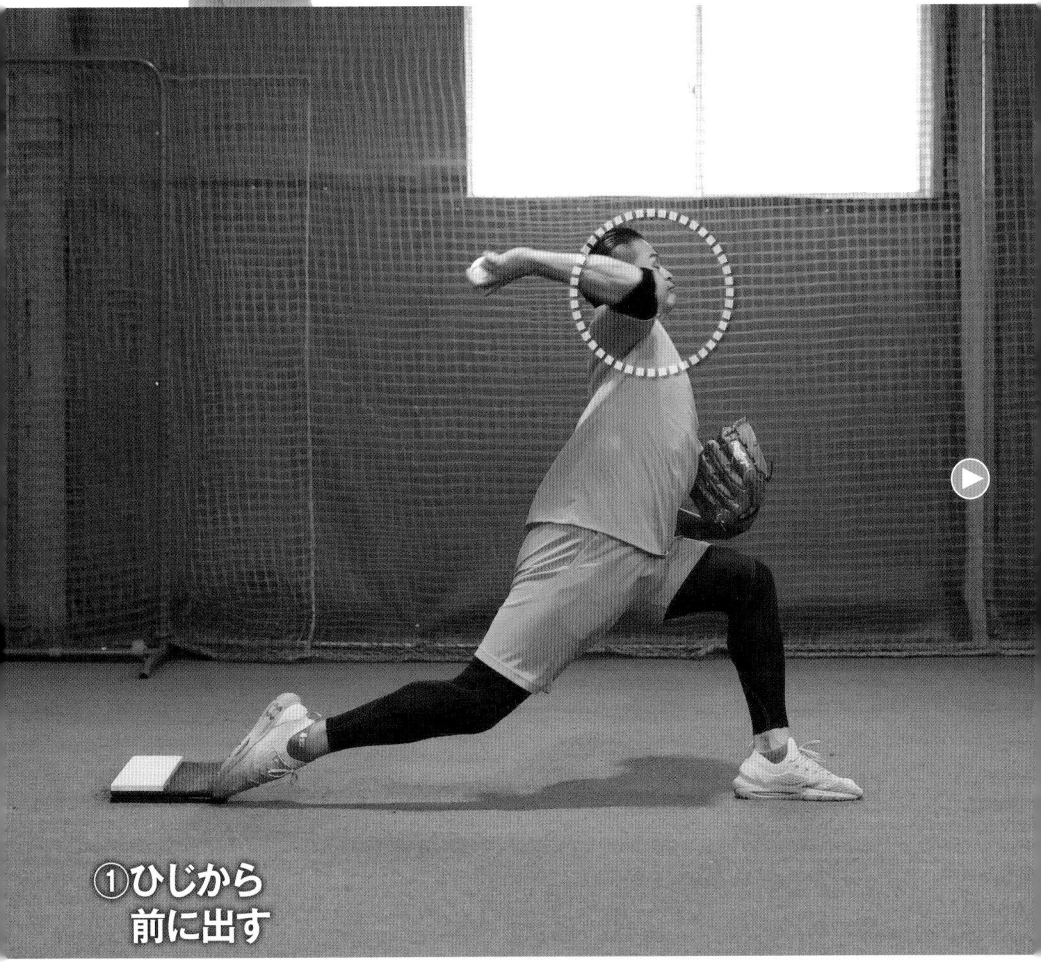

①ひじから前に出す

足（下半身）→胸→ひじの順番でホーム方向に動くイメージ。「ボール」の位置は最後まで後ろに置いておく。

ティモンディからみんなへ！
野球が上手くなる格言 ❸

野球に必要なのは、再現性だ！

投げるのも打つのも、同じ動きをいかに“再現”できるかが重要!

前田　野球というスポーツは、ピッチャーがマウンドから何百球もボールを投げて、バッターがそれを打つのが基本。このとき、なにが一番大事になるかというと「理想のフォームをどれだけ再現できるか」。

ピッチャーの場合、速いボールでストライクがとれるフォームをまったく同じように再現できれば、かならずストライクは入る。バッティングも同じ。たとえば、ホームランを打てるスイングをどんな状況、どんなボールに対しても完ぺきに再現できれば、絶対に打てるよね。

ただ、実はそれが一番むずかしい。プロ野球選手でもフォームがくずれることはたくさんあるし、1ミリもずれずに同じ動きをくりかえすのは不可能。

だからこそ、自分の体の動きをしっかりと理解して、毎日くりかえし練習することが大切になってくるんだ。

【体重移動】

体重移動のイメージ

軸足にためた体重を、先に出したグラブに
ぶつけるようなイメージを持つとスムーズに体重移動ができる。
ためてためて……一気に動くのがポイントだ！

③ターゲットはグラブ！

前に出しておいたグラブが、体重移動のターゲット！ここに向けて体をぶつけていく。

④胸をグラブにぶつける！

右ピッチャーなら左足をふみこんで軸足（右足）でプレートをけると同時に、自分の胸をグラブに一気にぶつけるようなイメージ。

高岸流 ワンポイントアドバイス

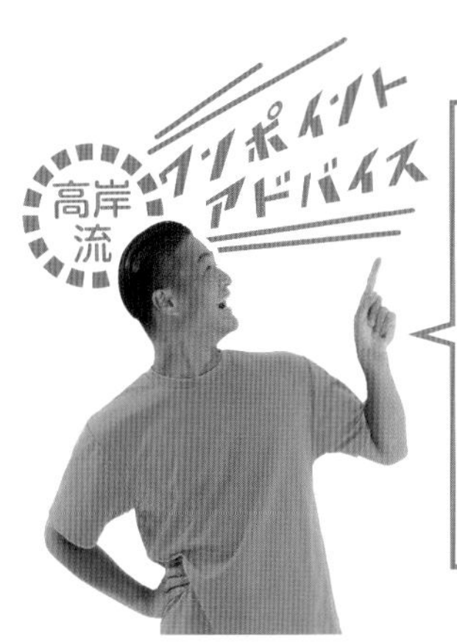

グラブを「引く」のではなく 胸をグラブに「ぶつける」！

よく、「グラブを自分の胸にひきつけなさい」と言われることがあるけど、ぼくの場合はグラブを引くのではなく、むしろグラブに向かって胸をぶつけるイメージが強い。前に出したグラブの位置は変わらず、動くのは自分の体（胸）のほう。結果的にグラブを「引いている」ように見えるけど、このほうが体重をホーム方向に一気にぶつけることができる。

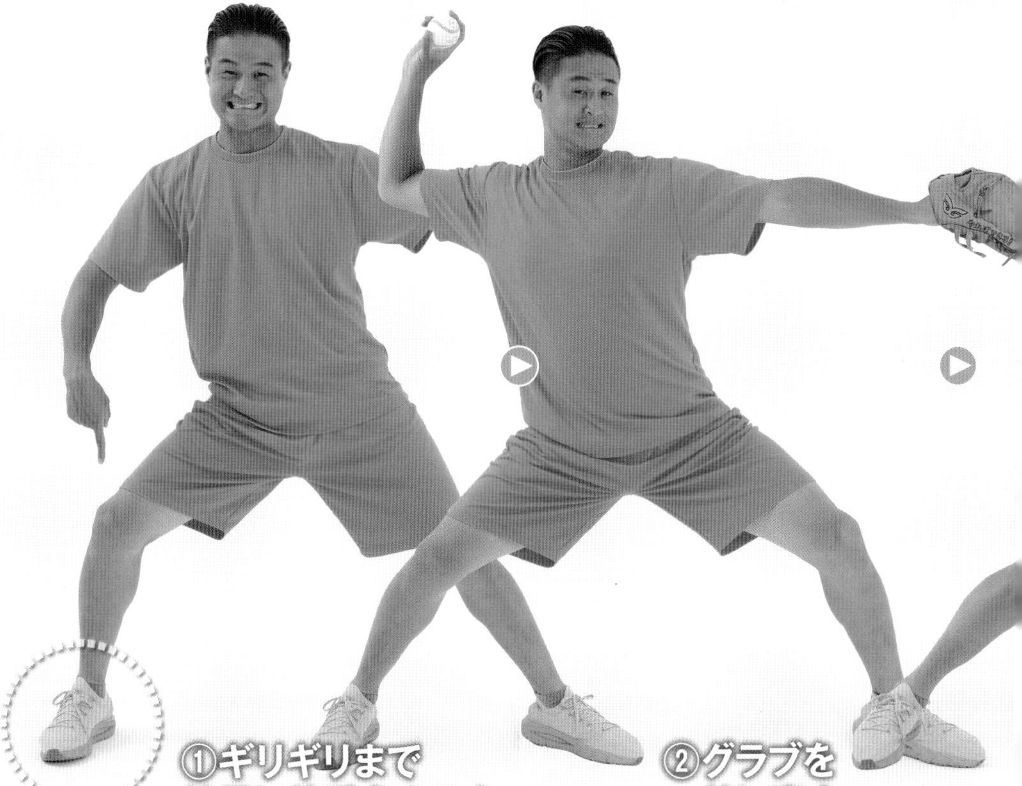

①ギリギリまで 軸足に体重をのこす

投球動作に入っても、なるべくギリギリまで軸足（右ピッチャーの右足）に体重を残しておく。

②グラブを 前に出す

腕を上げると同時に、グラブをホーム方向に向けるが、これが体重移動の目標になる。

【ステップ】

ステップのトレーニング

下半身のステップは、毎日のトレーニングで上達することができる。ここでは、ぼくが実際にやっている「高岸流」ステップトレーニングを大公開!

③右足を引いてステップする

左足一本で立っていたところから、右足を後ろにステップして体重を後ろに移動させる。

④軸足をけり出す

軸足を思いっきりけり出して、再び体重を前にうつす。左足→右足→左足と、リズムよく体重移動することがポイント。

下半身の勢いが ボールの速さを生む！

体重移動が速いボールを投げるために必要なのはここまででも紹介してきたけど、しっかりとステップして軸足からふみ出す足に体重を移動する練習は、たとえば家の中などせまい場所でもかんたんにできるからオススメ！ボールを投げなくても、こういうトレーニングをつづけることで、絶対に「速いボール」は投げられるようになるよ！

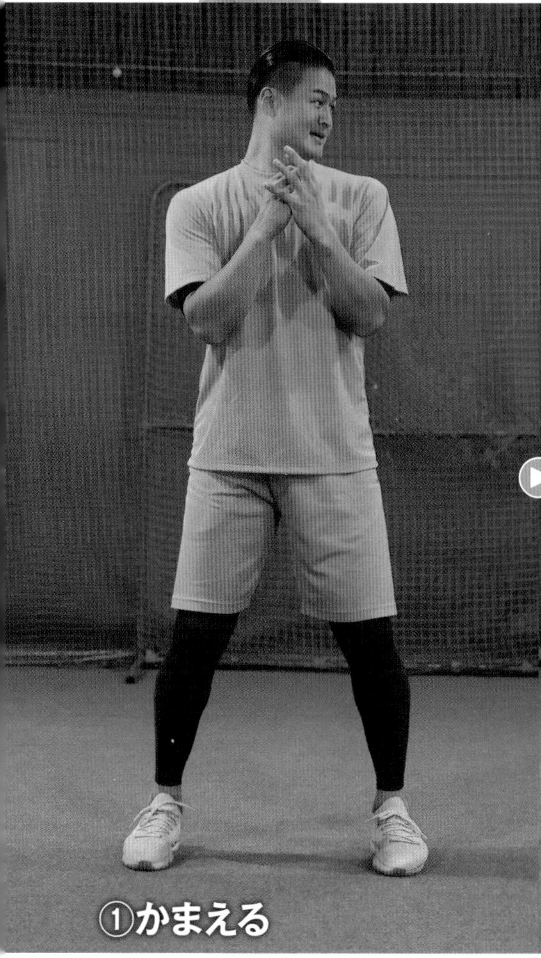

①かまえる

投球フォームと同じようにセットポジションでかまえる。

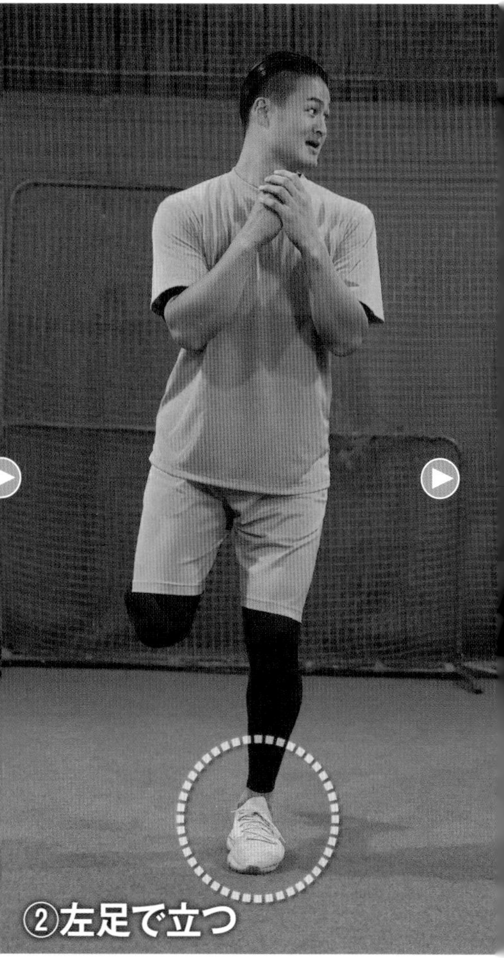

②左足で立つ

一度左足だけで立って体重を前に持っていく。

【体重移動】

重心の意識

P46でも軸足からの体重移動について説明しているけど、
ここではピッチング中、どこに重心をイメージすればいいかを解説！
体の使い方がわかれば、きっと上達できるはず！

①最初は体の中心に

かまえの段階では、重心は
体の中心におくイメージで。

②体重移動までは中心のまま

足を上げても重心は体の中心におく。
ここから、体重移動と同時に重心も
動き出す。

足のつけ根を意識すると体の動かし方もわかりやすい！

ピッチングのとき、「重心を前に移動する」という言葉をよく耳にするけど、そのときは両足のつけ根を意識するとわかりやすい。足のつけ根（股関節）を軸に体を回転させることで、体重移動もスムーズにいくはず！はじめはイメージしにくいかもしれないけど、くり返し練習するうちに、きっと感覚がつかめるはず！

③ステップまでは軸足の付け根に

前の足（左投手の左足）をステップするまでは、軸足のつけ根にそって重心をのせておくイメージ。

④体重移動は前の足のつけ根を軸にする

ステップ→ホーム方向へ体重移動をするときは、重心が軸足のつけ根から前の足のつけ根にうつっていくイメージ。ここを軸に、体を回転させる。

【背筋を伸ばす】

肩甲骨をしめる

かまえの時点から、背中（肩甲骨）をしっかりしめて、背筋を伸ばすことが大切。逆にひらいてしまって猫背になると、パワーがボールに伝わりにくくなってしまう。

PITCHING

NG

肩甲骨がひらいている

肩甲骨がひらくと、体が丸まってしまう。

OK

まっすぐ立って肩甲骨をしめる

重心は体の中心におき、肩甲骨をしめてかまえる。

前田流 ワンポイントアドバイス

「胸をはる」というより、「肩甲骨をしめる」!

ピッチングでよく「胸をはれ!」といわれることがあるけど、これは肩甲骨をしめるのとよく似ている。ただ、「胸をはる」意識だと重心が前にいってしまうケースもあるから、どちらかといえば「肩甲骨をしめる」イメージでかまえたほうが重心が体の中心におさまりやすい。もし、むずかしければ、まずは「まっすぐ立つ」ことから試してみよう!

NG

猫背になってしまう

肩甲骨がひらいてしまい、猫背のような姿勢に。

OK

胸がはれて、まっすぐ立てる

肩甲骨をしめると自然と胸がはり、まっすぐ立てる。

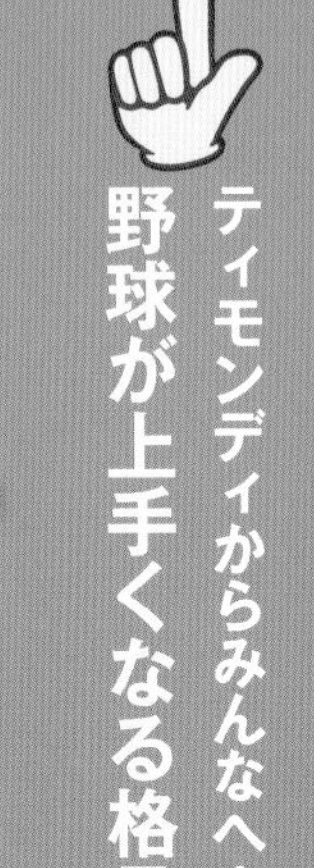

ティモンディからみんなへ！
野球が上手くなる格言 ④

自分を一番応援してあげられるのは自分！

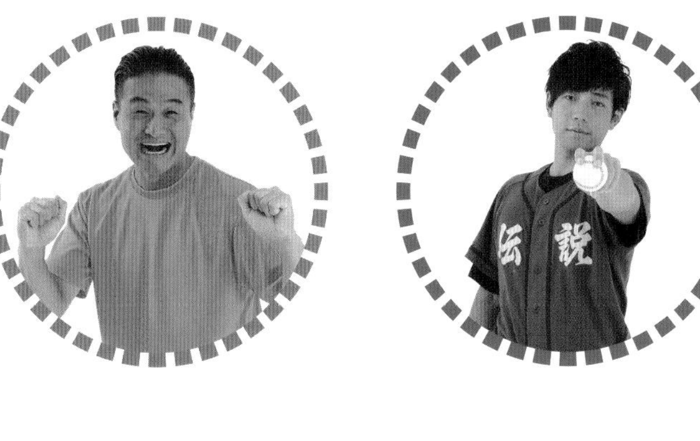

つらいとき、苦しいときこそ……
自分を信じよう！

前田　野球にかぎらず、スポーツを続けていくと、どこかでかならず、きつい思いや苦しい思いをすることがあります。ぼくも、高校時代にメンバー落ちを経験したとき、正直に言って心が折れそうになりました。でも、そんなときになにが支えになるかっていうと、やっぱり「自分自身」なんです。

もちろん、チームメイトや監督、コーチなどまわりの支えもあります。でも最後はやっぱり、自分が自分を信じてあげられるか、自分が自分を応援してあげられるかが大切。

これは野球だけじゃなくて、どんなことにも言えると思います。たとえば野球をやめたあと、高岸と一緒にお笑い芸人になろうと決めたときも「俺たちならやれる！」と自分たちを信じることができたから、いまのぼくたちがある。

自分を応援して、自分の可能性を信じてあげることで、目の前の壁や問題を乗りこえることができるんだと思います。

【フォームを固める】

シャドーピッチング

フォームをしっかりと「固める」ためにためしてほしいのがシャドーピッチング。ボールを持たずにくりかえし、投げる動作をおこない、自分のフォームをチェックしよう。

②重心移動→テイクバック

右足（右投手は左足）をふみ出し、テイクバックの形を作る。

①かまえ→足を上げる

実際にマウンドに立つ自分をイメージして投球動作に入る。

1球1球、ていねいに！バッターをイメージしてやってみよう！

シャドーピッチングは、ひとりでも、せまい場所でもできるピッチングの練習法。くりかえしおこなうことで自分のフォームをしっかりと固めることができるよ。ポイントは、1球1球、「自分がマウンドに立ってバッターに向かって投げる」のをイメージすること。やみくもに投げるのではなく、自分のピッチングを確認しながらやってみよう！

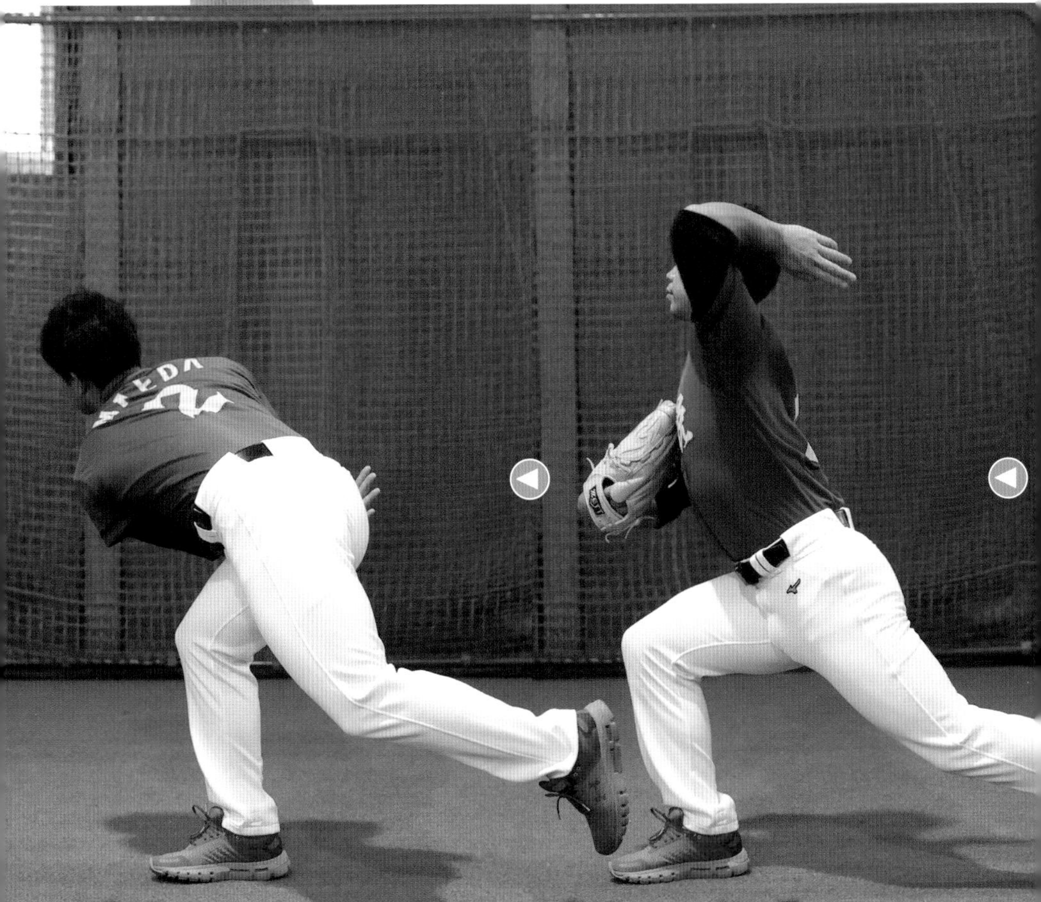

③スローイング

ボールを投げるときと同じように腕をふる。

④フォロースルー

ボールをはなす瞬間をしっかりと意識して、最後まで腕をふり切る。

【投球練習】

ネットスロー

ネットに向かってボールを投げることで、スペースがなくてもより実践的な練習ができる。フォームを固めたり、指先の感覚をたしかめたりするのにも有効だ。

①ネットから数メートルの位置で投げる

スペースにもよるが、ネットから３～４メートルくらい離れて投げると、実際のピッチングのイメージとも近くなる。

目標はネットではなく頭の中にいるバッター！

ネットスローは、より試合に近い感覚で練習できるけど、大切なのは「打席に立つバッターをイメージする」こと。なんとなくネットに投げ込むだけでは、コントロールも距離感もつかめない。ネットの先に、しっかりとホームベースがあって、バッターが立っていることをイメージして、そこに向けてボールを投げてみよう！

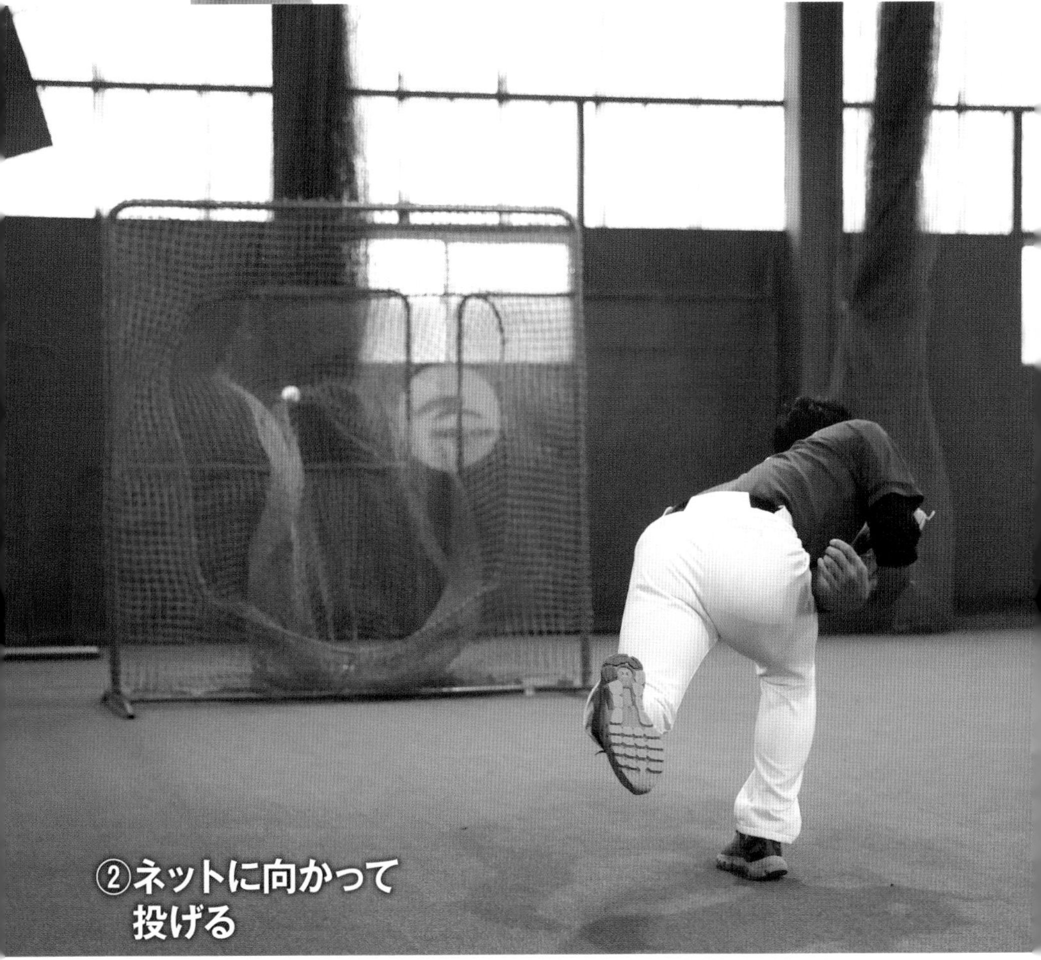

②ネットに向かって投げる

投球フォームなどは変えずに、ネットに向かっていつもどおりボールを投げる。

【フォームチェック】

スマホで撮影する

今では誰もが持っているスマホ。カメラを使ってフォームを撮影することで、いろいろなことがチェックできるし、自分の課題も見えてくる。

動画で記録することで、分かることがたくさんある

スマホやカメラで自分のピッチングフォームを録画すると、どこをなおせばいいのか、どこがいつもとちがうのかなど、分かることがたくさんある。

高岸流 ワンポイントアドバイス

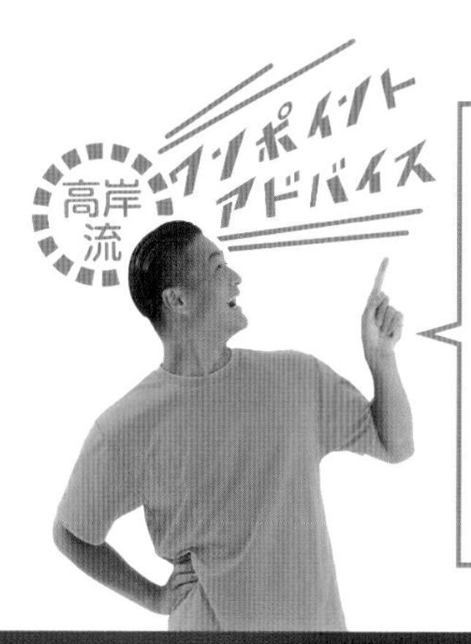

たくさん撮影することで、自分の変化に気づけるよ！

スマホで自分のフォームを録画するなら、毎日、毎週など、なるべくこまめに撮影するのがオススメだ！なぜなら、そのほうが自分の「変化」に気づけるから。「できなかったことができるようになった！」という成長を実感できたり、逆に調子が悪いときは良いときのフォームと見くらべて「なにが変わっているか」をたしかめることもできるよ！

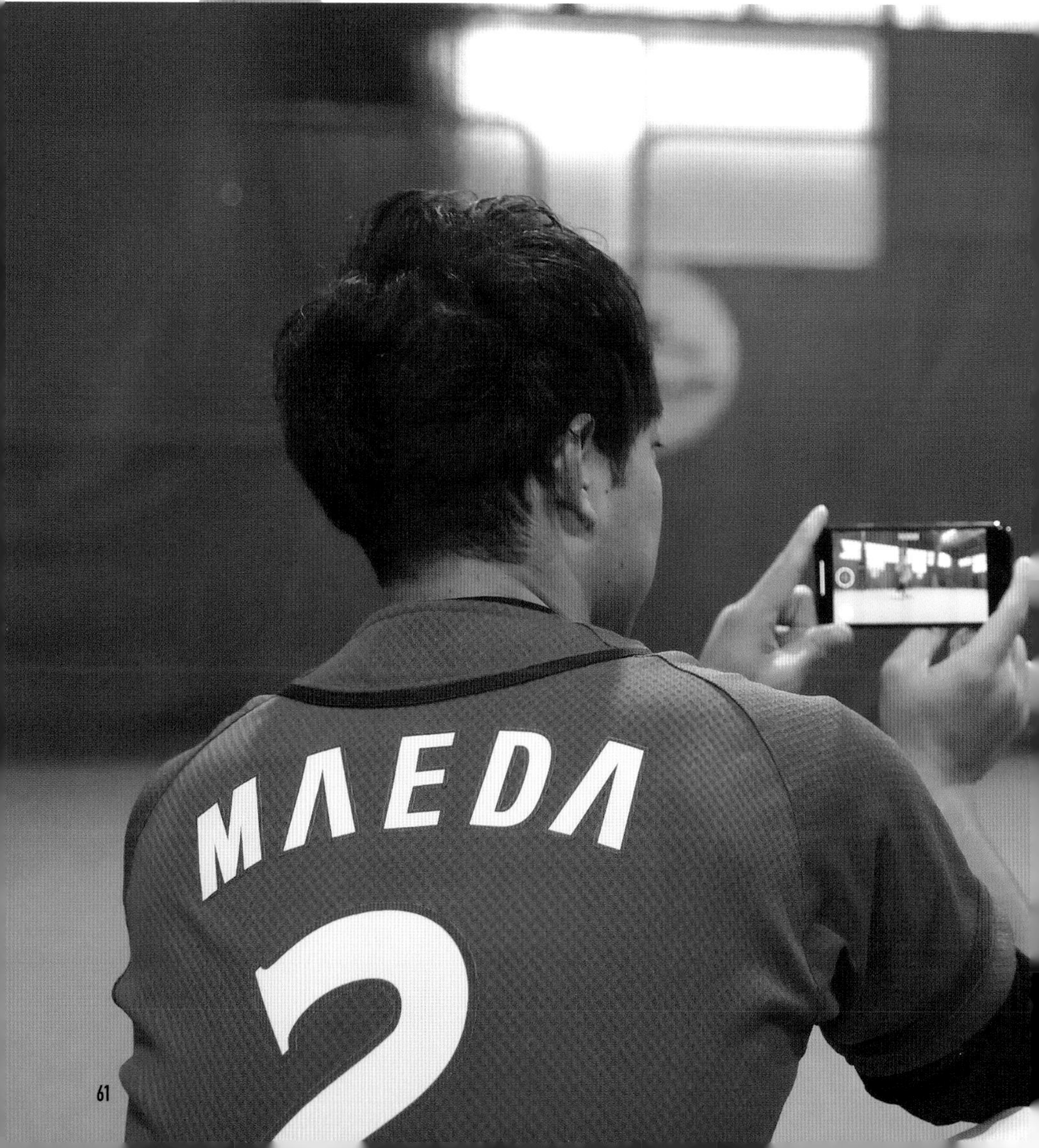

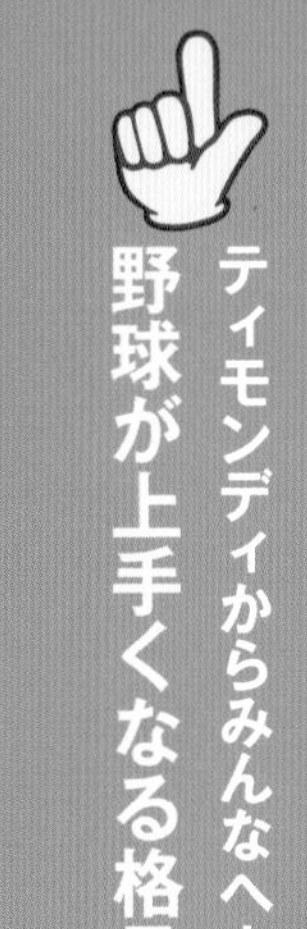

ティモンディからみんなへ！
野球が上手くなる格言 5

練習は、〝考えて〟やったほうが身になる！

なんでこの練習をするのか？
理解すればもっと上手くなる！

高岸　子どものころから、とにかく「速いボールを投げたい」ということだけを考えて練習していました。「150キロを投げることができればプロに行ける！」と信じて、毎日のように投げ込みもしたし、そのおかげで大学を卒業してからだけど、夢だった150キロも投げることができた。

でも、いま考えるとあのころのぼくは監督さんや指導者の方に言われたことを、なにも考えずに一生懸命やっているだけでした。もちろん、信じてやっていたことなので後悔はありません。ただ、「このトレーニングはこういう目的でやるんだ」「この練習は、こういう技術を身につけるためにやるんだ」ということを理解して取り組めていたら、もっと上手くなれたのかもしれないと思うことはあります。今は本当にたくさんの情報があふれているので、どうしてこの練習をするのかを考えながらやったら、きっと上達のスピードも上がると思います。

野球をはじめたキッカケ

ほめてもらえて野球にハマった（前田）
成長できるのが、楽しかった（高岸）

高岸★野球をやりたい！　プロ野球選手になりたい！とはじめて思ったのは、たぶん幼稚園に入るよりも前。たしか、父上が家のテレビで見ていた日本シリーズを一緒に見たときに、そう感じたんだと思います。だれかひとりの選手にあこがれたというよりは、「こんなすごい世界があるのか」「プロ野球選手ってカッコいい！」って、子どもながらに感じて。

そこから、近所の草むらで父上と兄弟と、4人でやる2対2の野球がとにかく楽しくて……。それが、最初の思い出ですね。

前田★ぼくはもともと、水泳を習っていたりしたので体を動かすこと、スポーツをやるのも好きでした。運動神経も良いほうだったので友だちに誘われて地元の相武台ファイターズというチームに入団したんです。

そうしたら、まわりが「上手い、上手い」ってメッチャほめてくれて……。ものすごくチヤホヤされたので一気にその気になってしまいましたね（笑）。

プロ野球選手になりたいという目標も、当時から持っていました。ぼく自身、いまふりかえってみると野球人生のピークって小学校5年生のころなんです。そこからは、ゆるやかに下っていった感じで……（笑）。

5年生のころから6年生のチームでもピッチャーをやって、4番を打たせてもらっていましたし、試合ではホームランも打てたり。ちょっと鼻も伸びていたかもしれないです（笑）。

松井秀喜選手の写真を見ながら自分のフォームとくらべたりして、「将来はプロ野球や、メジャーリーグで活躍するんだ！」というつもりでいましたね。

高岸★ぼくは前田とは逆で、運動神経もあまりよくなかったし、とにかく不器用でした。小学校3年生で草ニリトルメッツという地元のスポーツ少年団に入ったんですけど、はじめの1年間はキャッチボールすらまともにできなかった。だからいまだに、自分で「野球が上手い」と感じたことはないです。監督やコーチに課題をもらっても、いきなりできた経験が一度もなくて、「上手くならないな」「なんでだろう」とずっと思っていました。

でも、その課題に取り組んで練習すると、少しずつだけど自分が成長できることはわかるんです。それが、楽しくて楽しくて。その経験があるから、いまでもなにかにチャレンジすることが好きなんですよね。不器用だけど、父上や兄弟も一緒に練習してくれて、監督さんやコーチのかたもていねいに教えてくれた。そういう感覚があったから、なかなか上手くならなくても野球がきらいになるとか、そういうことはなかったです。

前田★ぼくは中学に上がると同時に、座間ボーイズという硬式のクラブチームに入団しました。いまでこそ、ぼくの地元・神奈川にはボーイズリーグのチームが増えましたけど、当時はまだ10チームくらいしかなかった。座

練習を積み重ねていくことで、成長できる！

間ボーイズに決めた一番の理由は、人数が少なくて、ひとりひとりの選手をていねいに見てくれるから。実はほかにも、県内で一番強いクラブに見学に行ったんですが、そこは逆に100人くらいいるチームで、「自分で上手くなって、上がってこい」というイメージを受けたんです。レベルは高かったかもしれないけど、ぼくにとっては座間ボーイズのほうが魅力的にうつったんです。

ぼくの2学年上がチームの1期生で3人、2期生が5人、3期生のぼくらの代が12人くらいで、3学年合わせても20人くらいしかいませんでしたが、そのぶんサポートしてくれる人たちがたくさんいて、軟式から硬式への転向も、そこまで苦労しなかったですね。

小、中学校時代を思いかえすと、当時の監督さんから言われた「プレーする時間だけではなく、野球を考える時間も作れ」という教えは、その後の野球人生にもすごく生きていると思います。

試合や練習を保護者のかたたちが録画してくれて、家ではそれを見ながら「自分の思いどおりに打てているか」を考える。プロの選手のフォームと自分のフォームをくらべて、なにがちがうのか、どうやったら打てるのかも、ずっと考えてやっていました。

プレーするだけじゃなく、考えることも大切！

高岸★ぼくも小学校、中学校と不器用ながら野球を続けてきて、一番感じたのは「やってきたことでしか、戦えない」ということ。中学まではとにかく遠投や走り込みを毎日のようにやっていて、それでボールが速くなったり、体力もついた。その部分では、済美高校に入学したあとも、そんなに苦労しなかった。でも逆に、たとえば投内連携やバント処理みたいな細かなプレーはほとんどやってこなかったから、高校でメチャクチャ苦労しました。スポーツは、積み木みたいなもの。積み重ねることでしか、上にはいけない。ただ、ぼくみたいに不器用でも、やればやっただけ、自分を助けてくれる。それは、今でも感じますね。

PART 3

バッティング
～強い打球を打つ～

BATTING

バッティングで大切なこと
～強い打球を打つためには～

ピッチングと同じで、
バッティングも正しいフォームで打ってはじめて、強い打球が飛ぶ。
いくらパワーがあっても、正しいフォームでなければ打球は飛んでいかない！

POINT

・正しいフォームで打つから、打球は飛ぶ！
・「タメ」と「回転」をイメージしよう！
・動き出しは下半身→上半身→腕の順番！
・スイングはなるべく力強く！

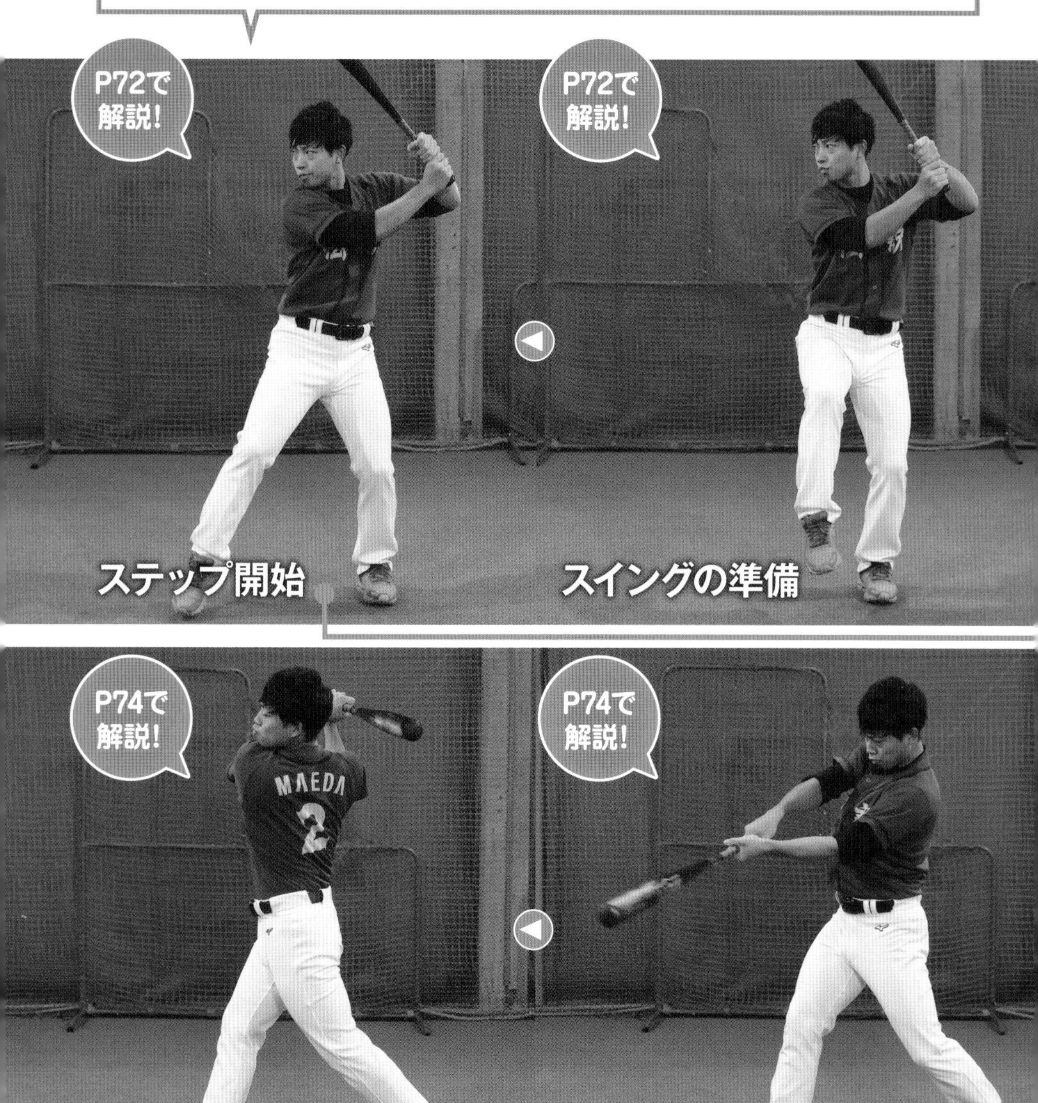

【打撃フォーム】

かまえ→足を上げる

「かまえ」は打撃フォームのスタートであり、基本でもある。
ここがしっかりと決まらないと、良いスイング、強い打球は打てない！

タイミングをとりながらピッチャー側の足を上げていく。

かまえかたは人それぞれだが、なるべくスイングしやすい「自然な形」を意識しよう。

かまえも足を上げるのも人それぞれでOK！

プロ野球選手を見ても、打撃フォームはみんな違う。「正解」はないけど、大切なのは強くふれること、ボールにしっかりと当たること。たとえば、ここで紹介している前田のフォームは足を上げているけど、ぼくは前田ほど足を上げない「すり足」に近いフォームで打っている。みんなも、どんなフォームが打ちやすいか、いろいろためしてみよう！

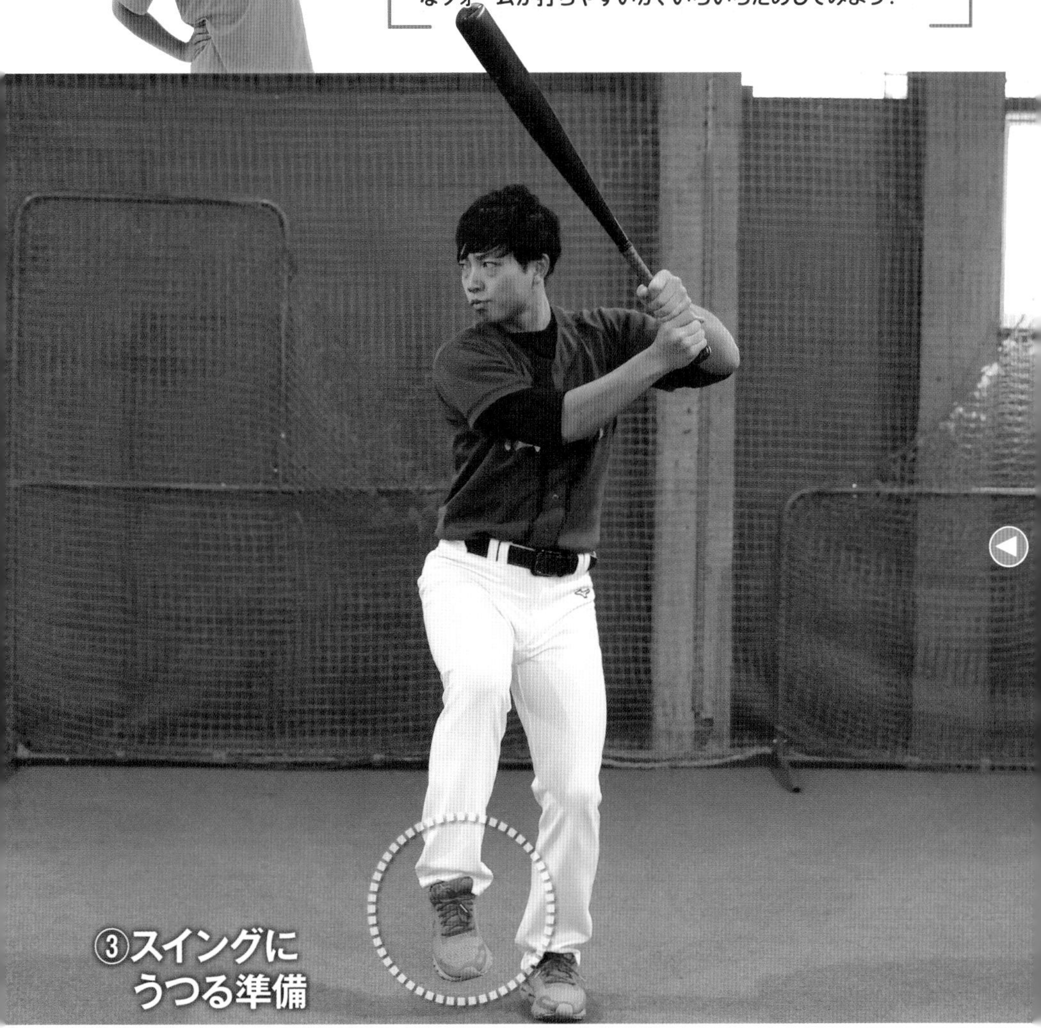

③スイングにうつる準備

足を一番上げた位置。ここからスイングにうつっていく。

【打撃フォーム】

ステップ

上げた足をピッチャーのほうにふみだすことで、一気にいきおいをつける。そのいきおいを、うまくスイングスピードにつなげられるかがポイントだ！

足を上げ、力をためた状態からステップはスタートする。

足を下ろし、ピッチャーの方向に向けてふみ出していく。このとき、グリップの位置はうしろにのこしたままだ。

パワーを出すためには、ステップ→スイングの順番で！

バッティングは基本的に、下半身→上半身の順番で動かしたほうがパワーが発揮できる。ここで紹介しているステップも、なるべく足だけを動かして上半身、特にバットを持った手（グリップ）は最後までうしろに残しておこう。体が「グイッ」とねじられた状態から一気にスイングすることで、ふみ込んだ足のパワーがバットにも伝わるよ！

しっかりふみ込む！

③ふみ込んでからスイング開始！

ピッチャーの方向に足をしっかりとふみ込む。この時点でも、上半身はなるべく動かさずに力をためた状態をキープしよう。

【打撃フォーム】

スイング

ボールをとらえるための「スイング」はバッティングの最終段階！
速く、正確にふることができれば、
ボールは勝手に飛んでいく。目指せ！さく越え！

BATTING

バットを持った手（グリップ）の位置からスイングをはじめるイメージ。キャッチャー側のひじを少しだけしめてグリップが体の近くを通るようにしよう。

バットはなるべく体の近くを通そう

バットを持った手（グリップ）が体から離れてしまうと、せっかくのパワーがバットに伝わらなくなってしまう。スイングの基本は、なるべく体の近くをグリップが通るイメージを持つこと。ただし、もともとグリップが先に出過ぎてしまうタイプの選手もいる。そういう場合は、P86を参照してみよう！

しっかりふり切る!

③フォロースルーもしっかり！

ボールに当たったあとも、最後までしっかりスイングする。体がねじれるくらい大きなフォロースルーをとれれば、スイングスピードも速くなる。

②思いきりふり切る！

ボールに当たる瞬間に、バットが最高速度になるイメージを持って、一気にふり切ろう。

テイモンディからみんなへ！
野球が上手くなる格言 ❻

バッティングは、爆発だ！

バットとボールがぶつかって爆発する……それがバッティングだ！

高岸　バッティングでいつも意識しているのは、バットを強くふって、パワーが一番たまった瞬間にボールにぶつけること。ボールをとらえた瞬間に、そこでダイナマイトが爆発するような、そんなイメージ。そうすれば、ボールは絶対に遠くに飛んでいくし、強い打球を打てるようになる！

たとえば中学校、高校とレベルが上がっていくと、「ここはしっかりと転がさなければいけない」「コンパクトにスイングして、空振りだけはしちゃいけない」みたいなシーンが絶対に出てくる。でも、小学校のうちはバットをボールにぶつけて「大爆発」を起こすような、そんな意識で打席に立っていいと思う。

細かな技術は、体が大きくなってからでも身につけることができるし、何より楽しくないよね。まずは思いっきりバットをふって、打席で大爆発を起こしてほしい！

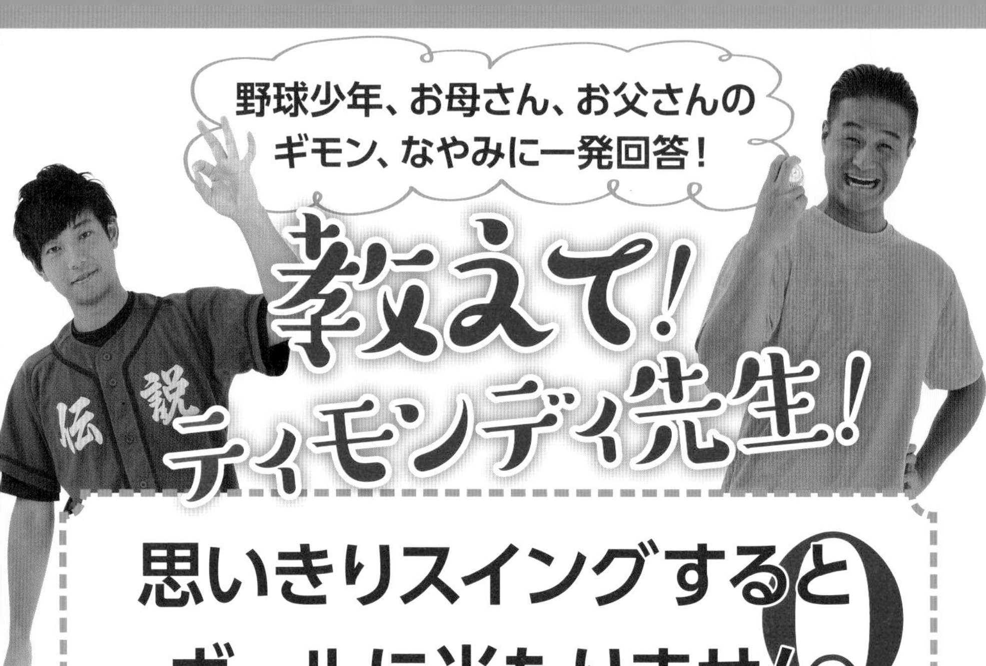

思いきりスイングすると ボールに当たりません Q

しっかりとらえないと、打球は飛ばない！

前田★強い打球を打ちたい、ホームランを打ちたいと思って強くスイングすると、プロ野球選手でも空振りは増えます。

ぼくは、三振することはぜんぜん悪いことだと思いません。ただ、気をつけなきゃいけないのは「そのスイングで、本当に打球は飛ぶの？」ということ。

とくに子どものころは「打球を飛ばしたい」と思ってスイングすると、逆に「飛ぶフォーム」とはかけはなれてしまうことが多い気がします。がむしゃらにスイングしすぎてしまうんですね。

なかなかボールに当たらないな……と感じたら、まずは一度、自分が本当に正しいフォームでスイングできているか、見なおしてみてもいいかもしれない。

思いきりスイングすることは悪くないけど、グチャグチャなフォームでいくらふっても確率は上がらないし、そもそも当たっても打球は飛ばない。「当たらない」ということは、フォームそのものに問題がある可能性もあります。

高岸★ボールを飛ばすためには、強くスイングすることも大切だけど、しっかりとミートすることも同じくらい大切。いくらスイングスピードが速くて、パワーがあっても、バットの芯でとらえられないと打球は飛ばない。

ひとつ、ためしてほしいのは「ボールをしっかり見る」こと。バッティングの基本中の基本だけど、その大切さをあらためて考えてみてもいいかもしれない。

たとえば、目をとじてボールを捕ったり、打ったりすることはすごくむずかしい……というか、無理だよね（笑）。しっかりとボールを見ることは、そのくらい大切。せっかくついている目を、きちんと使ってあげないと、ミート力は上がらない。

フォームを安定させることはもちろん、ボールをしっかり見ることも、もう一度考えてみてほしい。

前田★正しいフォームって、じつはすごくむずかしい。たとえば、新聞を丸めたボールを打ったり、「飛ばないボール」でもしっかりと打球が飛ぶフォームを見つけて、少しずつ自分に合った形をさがしていこう。

素振りももちろん大切だけど、それは正しいフォームを身につけてから。まちがったフォームで素振りをくり返しても、意味がない。

高岸★思いきりスイングすると、たしかに確率は下がるかもしれない。でも、正しいスイングならボールにまったく当たらないということはないし、当たらなければなにもはじまらない。強くスイングすることはわすれずに、ボールを芯でとらえることが大切だということを、もう一度考えてみよう！

正しいスイングができているか考えてみよう！

【インパクト】

インパクトのイメージ

バットがボールに当たる瞬間（インパクト）に、
どうやってパワーを伝えるか……。
ここでは、高岸流の「インパクトのイメージ」を伝授しよう！

BATTING

ボールを
つかまえる!

①ボールをしっかりとつかまえる!

インパクトの瞬間は、バットでボールを「ガチッ！」とつかまえるイメージ。

スイングの力を
インパクトで爆発させろ！

「重いものを持ち上げるように」というのはあくまでもぼく自身のイメージ。でも、インパクトの瞬間にボールに思いきり力をぶつけるのは、大切なことだ。せっかく力強いスイングができていても、それがボールに伝わらなければ打球は飛んでいかない。ぼくの感覚を参考にしながら、みんなも自分なりの「インパクトのイメージ」をつかんでみよう！

重いものを持ち上げるように！

②重いものを持ち上げるように！

ボールをしっかりつかまえたら、体全体と背筋をつかって、重いものを思いきり持ち上げるように一気に引き上げる！

【バランス】

水平、垂直を意識する

バッティングのときに重要なのがバランス。
キーワードは「水平」と「垂直」。
これを意識しながら、バランスの取れたスイングを実践しよう。

BATTING

横 水平の動きを意識する

かまえからスイングまで、意識したいのが「水平」の動き。体の回転、バットの軌道も、できるだけ水平をイメージすることで、バランスが良くなる。

タテとヨコの軸がブレないように意識しよう！

水平も垂直も、どちらも大切。軸がしっかりしていないとスイングや体の動きがブレブレになってしまい、バッティングの確実性も、パワーも落ちてしまう。かまえやスイングの「型」は人それぞれだけど、この軸だけはどんな選手でも共通して重要！タテもヨコも、どちらもブレないようにしっかりと意識しよう。

回転軸は垂直！

横 回転軸は垂直に！

体の中心に一本、地面から垂直に伸びたラインを引くイメージ。このラインを軸に回転する。

正面 投手に対してまっすぐ！

ピッチャーに対して、肩や目線をまっすぐに向ける。上を向いたらあごが上がるし、下を向いたら目線が下がってしまうので要注意！

【体重移動】

重心のイメージ

投球フォームと同じように、打撃フォームでも重心移動は大切。
かまえからスイングまで、どんなイメージで体重を移動させるのか、ここで解説！

BATTING

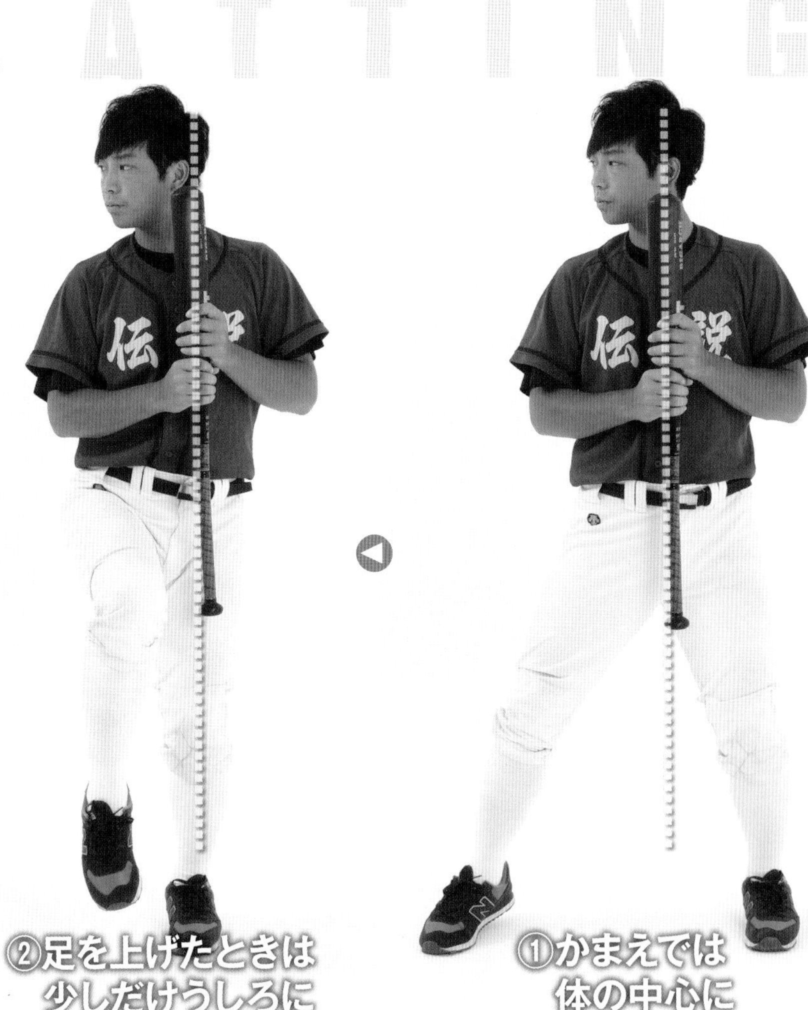

②足を上げたときは少しだけうしろに

足を上げると同時に、少しだけ
重心を体のうしろにずらす。

①かまえでは体の中心に

かまえた時点では重心は体の
中心にまっすぐおくイメージ。

バットの動きと重心が連動するイメージを持とう

重心移動で大切なのは、P82で紹介しているように「軸」がブレないことと、バットの動きと連動すること。グリップを引いて「トップ」を作った時点では重心もうしろにおいて、スイングと同時に一気に前にうつす。体重をバットに乗せることで、スイングスピードも、インパクト時のパワーも一気に大きくなるはず！

③トップの瞬間はうしろに重心をおく

ピッチャー方向の足をふみ込み、グリップを下げた状態（トップの状態）では、重心は一番うしろにおく。

④スイングと同時に重心も移動

スイングと同時に重心も後ろの足から前の足に動く。このとき、重心の軸自体は地面から垂直になっていることを意識しよう。

【目線】

目線はブレないようにしよう

スイングするとき、頭の位置が上下に動いてしまうと目線がブレる。目線がブレると、ボールをしっかり見ることができなくなってしまう。

BATTING

OK

目線の高さを一定に保つ

かまえ→ステップ→スイングの動きの中でも、できるだけ頭の高さは変えずに目線がブレないように注意しよう。

高岸流 ワンポイントアドバイス

ボールに当たらないときは、とくに「目線」を意識してみよう

ボールをよく見ているつもりなのに、バットに当たらない……。そんなとき、とくに意識してほしいのがこの「目線の高さ」だ。しっかり見ているつもりでも、目線そのものが上下してしまうと、どうしてもバットに当たる確率は下がってしまう。ボールをよく見ることはもちろん、目線がブレていないか、もう一度自分のフォームをチェックしてみよう。

NG 目線が上がってしまう

足を上げたり、テイクバックをとったときなど、上体が起きてしまって目線が上がってしまうこともあるので要注意！

NG 目線が下がってしまう

ふみ込んだりスイングしたときなど、頭の位置が下がると目線がブレてしまう。

【打撃フォーム】

グリップが出すぎる場合

P74の「スイング」で解説しているように、
スイングはグリップを先に出すことが大切だが、
実は「グリップが出すぎてしまう」ケースもある……そんなときの解決法は!?

体のうしろに大きめのスペースを作り、むしろバットが遠回りするイメージを持つ。

実はぼく（高岸）の場合、普通にスイングすると、グリップが先に出すぎてしまう……。

自分のタイプを理解して自分に合ったイメージを作る！

「グリップは体の近くに」「ヘッドは最後に動く」が大切なのは間違いない。ただ、僕の場合はそれを意識してしまうとむしろ逆効果。これはあくまでも「イメージ」で、実際の動きとはちがうけど、大切なのは自分がどんなタイプかを理解すること。そうすれば、どんなイメージでスイングすればいいか、きっと正解が見つかるはず！

②バットのヘッドから出すイメージを持つ

セオリーとは逆だが、わきを開いて、バットのヘッドからスイングするようなイメージを持つ。

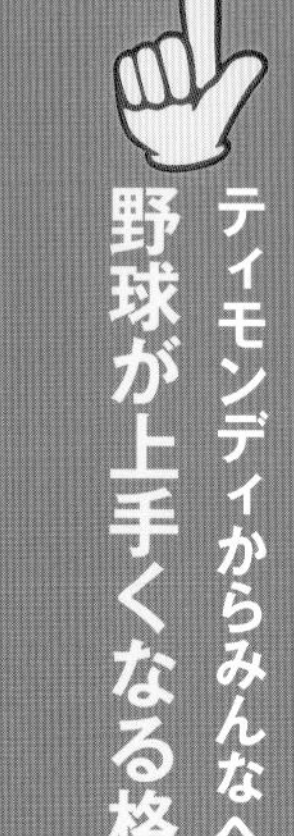

ティモンディからみんなへ！
野球が上手くなる格言 7

気持ちも技術も、どっちも大事！

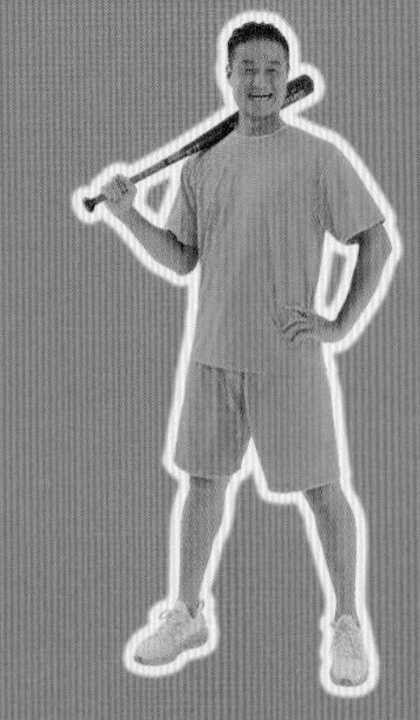

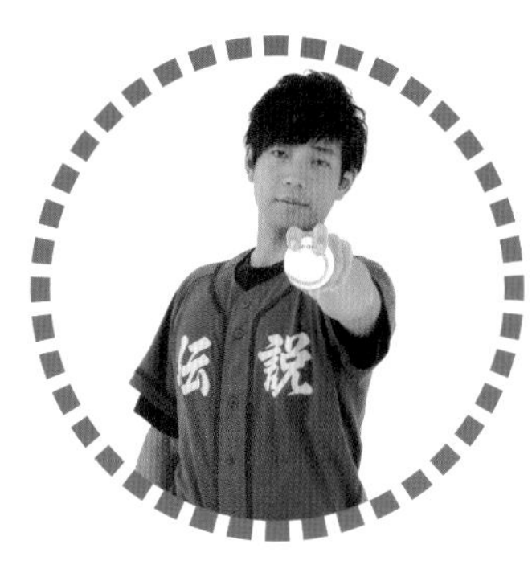

大事な試合、大事な場面こそ、心の強さが必要！

前田　野球の理論はつねに進化していて、ぼくたちが高校生だったころと比べても、いまは全然ちがう野球をやっていると思います。とくに最近はＳＮＳやＹｏｕＴｕｂｅでもたくさんの情報や動画を見ることができる。

その一方で、技術だけが進化して、「心の成長」が少しおいていかれているようにも思えるんです。効率の良い練習をするのは大切だし、やらなくていい練習をやる必要はない。

でも、大事な試合の大事な場面でなにが必要になるかっていうと、けっこう「気持ち」のほうが大きかったりもするんです。

ぼくたちは高校できびしい練習にたえて、それでチームの心がひとつになったり、土壇場で逆転できたり、そういう経験を何度もしてきました。

やっぱり、技術を伸ばすことはもちろん、心を強くする、心を成長させることも、同じくらい大切なんですよね。

【タイミング】

トスバッティング

トスバッティングは、ひとりがトスしたボールをひとりが打つ練習法。ネットがあれば広いスペースがなくてもバッティング練習ができるのでオススメだ。

投げる側はバッターにしっかりとボールを見せることを意識して、リズムよくボールをトスする。

実は投げる側が大切!?
ポイントはリズムとコントロール

トスバッティングで意外と大切なのは、バッターよりもトスを上げる側。バッターに合わせて、「打ちやすい」場所にリズムよく投げ込んであげよう。指導者や親御さんにはぜひ、子どもがどんなタイミングで、どのあたりのコースが打ちやすいのか、しっかりと見てあげてほしいですね！そうすれば、子どももきっと楽しく練習できるはずです！

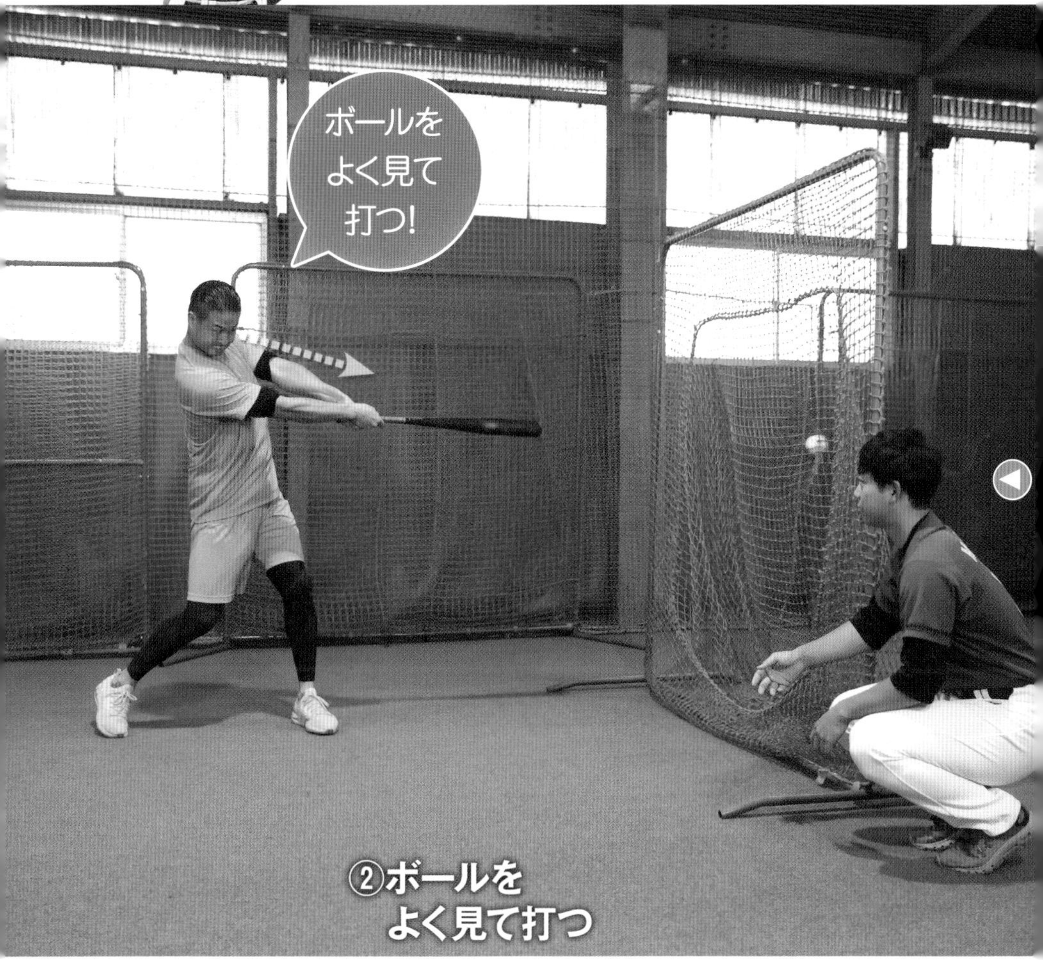

ボールを
よく見て
打つ!

②ボールを よく見て打つ

バッターはトスされたボールをしっかりと見て、
できるだけ正面に打ち返そう。

【フォームを固める】

ティーバッティング

バッティングの「形」を固めたいときにオススメしたいのがティーバッティング。止まっているボールを打つので、自分のスイングをチェックしやすい利点もある！

BATTING

①ティーにボールをセットする

バッティングティーにボールをセットし、かまえる。写真は「吊り下げ式」だが、ティーの上にボールを置くタイプが一般的。

②スイングする

ボールのどこを打つかをしっかりとイメージしてスイングする。

「吊り下げ式」はやや上級者向け!? 置きティーもしっかりと活用しよう

写真で紹介しているのは、最近流行している「吊り下げ式」のティー。僕も実際に試してみたけど、ボールを下からすくい上げるイメージで打つ必要があるから、少しむずかしい。小学校低学年や初心者の場合は、よくある「置きティー」からはじめて、なれてきたら「吊り下げ式」をためしてみるのもいいかもしれないね！

ボールをしっかり見る!

③バットをボールにしっかりとミートさせる

バットがボールに当たる瞬間をしっかりと見るイメージで、ミートさせる。

④最後までしっかりとふり切ろう

ミートした後も、バットはしっかりとふり切る。そうすることで、より強い打球が飛ぶようになる。

【バットコントロール】

ペッパー

短い距離からゆるいボールを投げてもらい、投げた相手に打ち返す練習。バットコントロールが身につくし、試合前などに「目をならす」効果もある。

すこし近くから、ストライクゾーンをめがけてゆるいボールを投げてあげる。

当てにいくのではなく、しっかりバットを振ろう

ペッパーをするとき、バッターはどうしてもボールに「当てにいってしまう」ことがある。もちろんフルスイングする必要はないけど、腕だけで当てにいくより、ある程度「ちゃんと振る」イメージを持ったほうが、実はバットには当たりやすい。自分の目の前に打球をバウンドさせるくらいの意識を持つと、うまくいくかもしれないよ！

ピッチャーに打ちかえす!

②ボールをしっかりと打ち返す

バットでボールをしっかりととらえるイメージで、ピッチャーに打球を打ち返す。最初はワンバウンドで相手に返すくらいの打球が◎。

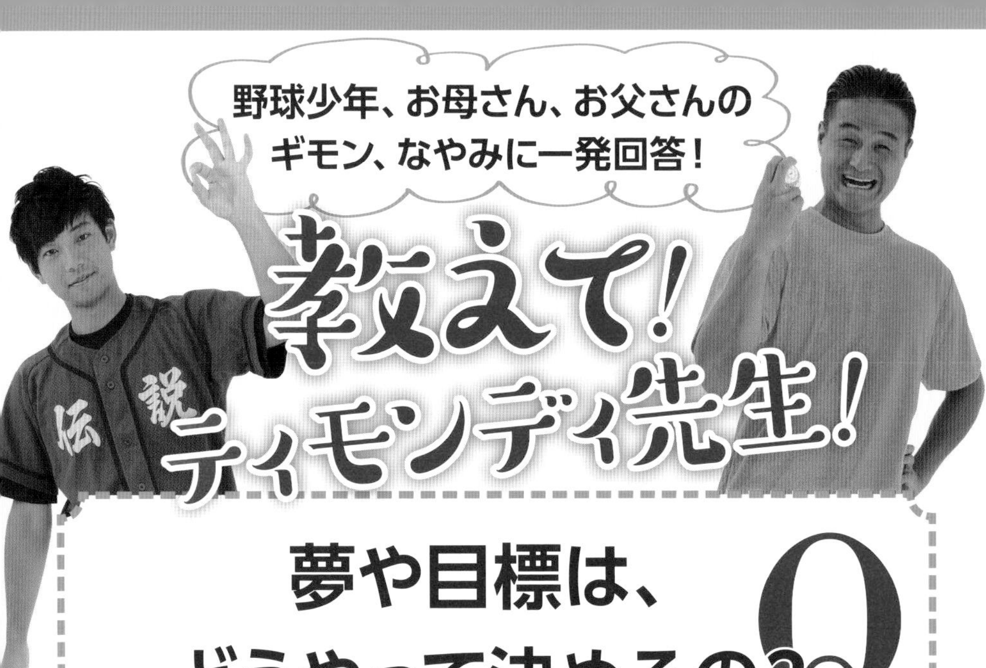

夢や目標は、どうやって決めるの？ Q

挑戦すれば、ぜったいに成長できる！

高岸★ぼくはいつも、テレビやＹｏｕＴｕｂｅで「やればできる！」という言葉を使っているけど、これはぼくたちふたりの出身校、済美高校の言葉です。でもそれは、「やれば、ぜったいに成功できるよ」というよりも、前向きに挑戦することの大切さ、どんなときでも、「やればできる！」という気持ちで挑んでいくことが大切なんだよ、という意味で発信しています。

挑戦しても、失敗したりすることはもちろんある。でも、「成長」はぜったいにできる。成長すれば、もう一度なにかに挑戦したときに、成功する確率は上がるはずだし、なによりも人生が楽しくなる。

前田★ぼくたちも高校時代は「甲子園に行きたい」「プロ野球選手になりたい」という夢や目標を持って、毎日練習していたけど、残念ながらそれはかなわなかった。でも、そこで次の夢や目標を見つけられずに、ただぼんやりと過ごしていたら、今のぼくたちはなかったかもしれない。

たとえば、2020年10月4日に、ぼくたちは夢のひとつだった「プロ野球の始球式」を実現することができた。高岸と一緒に芸人になったときから「いつか高岸を始球式で投げさせたい」という思いはずっとあって、それがかなった瞬間でもあったけど、それまでに5年間かかった。これが短いのか、長いのかはわからないけど、少なくとも5年間は夢をかなえることができなかった時期がある。だからこそ、「できる!」と思い続けて、やり続けることが大切だと思う。

高岸★夢や目標は、いくつあってもいいし、大きい夢、小さな目標……いろいろあっていい。始球式は夢のひとつだけど、ぼくにとってはそれだけが夢ではなくて、「みんなを応援したい」という思いをずっと持って芸人をやっています。自分がなにかにチャレンジすることで、だれかを応援できるかもしれないし、言葉で応援することもできる。たとえば、僕がエベレストに登ることでだれかに勇気を与えられるなら、それも夢になるし、芸人としていろいろな国に仕事で行けるようになった姿を見て、だれかをはげませるのであれば、それも夢になる。

前田★最近は「夢や目標がない」子どもが多いという話も聞くけど、「やりたいこと」と考えたら、なにかは見つかるはず。「テストで100点取る」でも「おいしいものを食べたい」でも、なんでもいい。いま、自分がなにをしたいのか。それを考えたら、きっと目標は見つかると思う。

高岸★小さな目標、大きな夢。とにかく、なんでもいいから、「やればできる!」と思って、いろいろなことに挑戦してほしいな。

できると思って やりつづける ことが大切!

【バットコントロール】

バットを短く持つ

バットにボールがなかなか当たらなかったりしたら、
バットを「短く持つ」こともためしてみよう。
当たる確率も上がるし、野球が楽しくなるはず！

BATTING

まずはこぶし1個ぶんくらいグリップを余らせてバットを持ってみる。ただ、どのくらい短く持つかは、「人それぞれ」でOK！

前田流 ワンポイントアドバイス

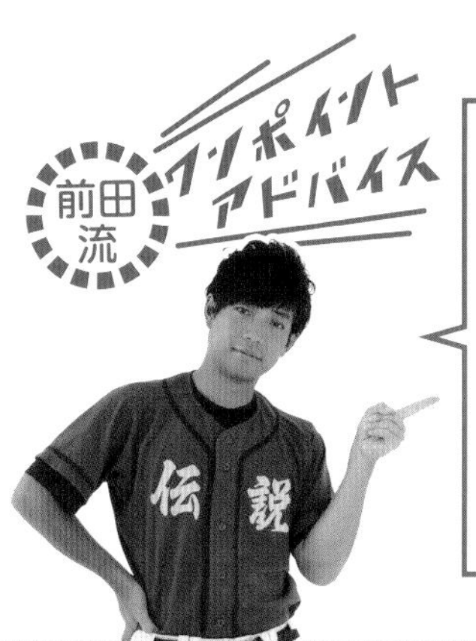

「当たる」ようになれば バッティングは楽しくなる!

みんなに伝えたいのは「全員が短く持つ必要はないよ!」ということ。しっかりスイングできたり、バットにボールが当たるようであれば、わざわざ短く持つことはない。ただ、バットをうまくあつかえないときは、短く持つことでボールをとらえられる可能性が高くなることもあるので、悩んでいるときは一度試してみてもいいと思う!

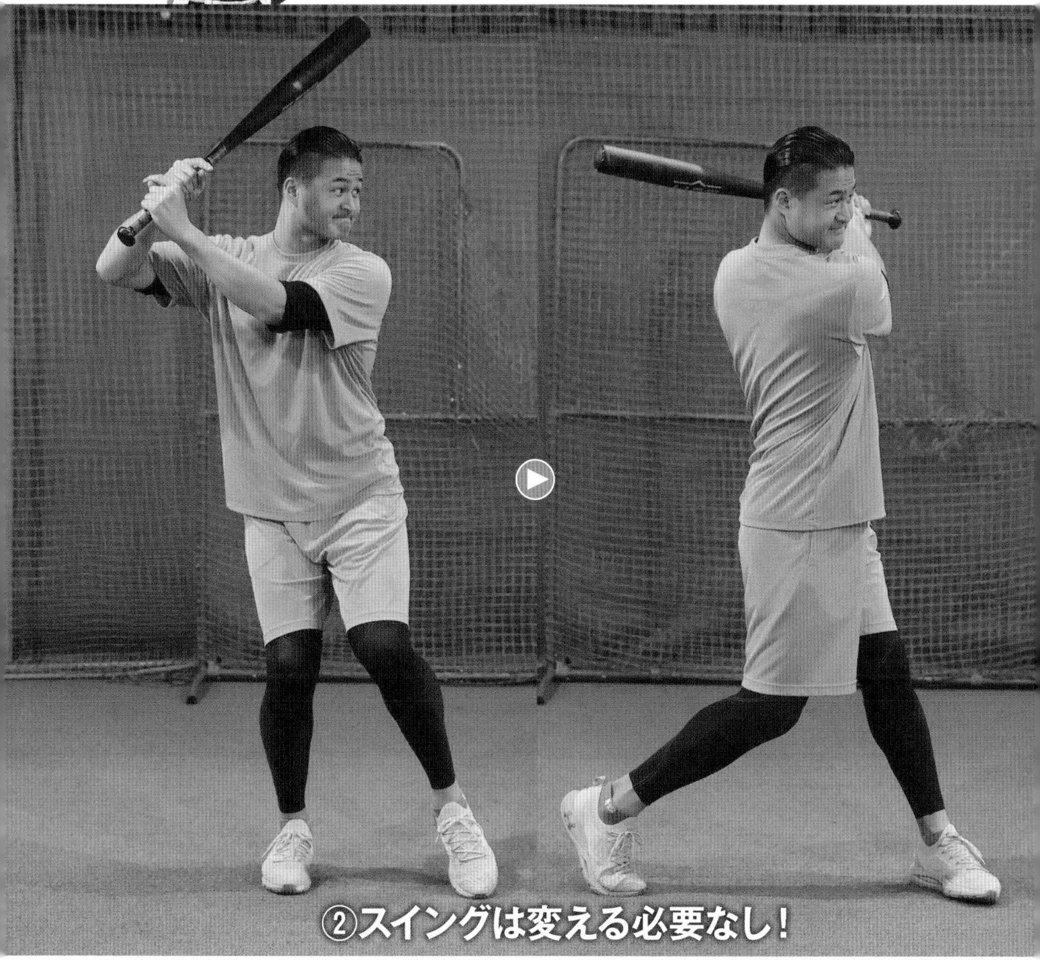

②スイングは変える必要なし!

バットを短く持っても、スイング自体は何も変える必要はない。自分のフォームを崩さないように意識しよう。

【フォームチェック】

スマホで撮影する

P58のピッチングと同じく、
バッティングでもフォームをスマホなどで撮影することは大切。
自分のフォームを外から見ることで、気づくこともあるはずだ。

BATTING

フォームチェックは、動画撮影が一番！

素振りやティーバッティング、バッティングセンターなど、友だちやお父さん、お母さんに動画を撮影してもらい、あとでチェックすることで「自分がどうやって打っているのか」「自分のイメージとなにが違うのか」がわかりやすくなる！

角度やシチュエーションも変えて撮影してみよう

動画を撮るときは、たとえば正面と横からなど、角度を変えて撮影することで「発見」も多くなる。また、素振りやバッティング練習、試合の動画をくらべてみることで「素振りではこうやってスイングしているのに、試合ではできていない」など、弱点も見つけられることができる。自分だけでなく、他の人にもチェックしてもらうのもオススメ！

済美高校を選んだ理由

甲子園でのインパクトと、環境で済美を選びました

前田★中学から高校に進学するとき、ぼくの中では「もっと野球にうちこみたい」という思いがありました。両親もそれは理解してくれていて、「そういうことなら、ちゃんとやりなさい」と背中を後押ししてくれた。ありがたいことに、いくつかの高校から「うちでやらないか」と声をかけてもらっていたんですけど、ぼくの父は最初、「どの高校からさそいがきている」という話をせずに、ぼくに「行きたい高校はどこだ」と聞いてきたんです。

そこで、ぼくが「行きたい」と言ったのが済美高校でした。

ぼくの地元は神奈川だし、済美高校のある愛媛県とはかなり離れています。それでも済美高校に行きたいと考えていたのは、いくつか理由があって、ひとつは2004年の甲子園。このとき、済美高校は創部2年で春の甲子園優勝、夏の甲子園準優勝という結果を残しました。

子どもながらに、そのインパクトがとにかく強かった。だって、1期生が入学して、その人たちが3年生になった年に甲子園で春と夏、決勝に行っているんですよ。

これは、絶対に運だけじゃ無理だなと思いました。結果を残したからには、かならず理由があるはず。そういう思いや、あこがれのような気持ちがあったのも事実です。

あとは、ぼくがプレーしていた座間ボーイズの監督さんが、高校時代に宇和島東高校で甲子園にも出場した方なんですけど、そのときの監督が上甲正典監督（当時の済美高校野球部監督）だったんです。

なので上甲監督の話も聞いていましたし、「野球はもちろん、人間的にも成長できるはずだ」と背中を押してもらえたのもありますね。

実は中学のときは、家の近くにあった東海大相模さんからもさそいはあったんです。自宅から自転車で行けるし、環境も文句なしだったんですけど、やっぱり「済美に行きたい」という気持ちが強かった。

父にその思いを伝えたら、「じつは、済美からもさそいがきている」と教えてもらったんです。さそわれたから行きたいと思ったわけじゃなくて、なにも知らない状況で済美を選んだ。そして、済美もぼくを選んでくれていた。そんなこともあって、父は親もとをはなれて野球を続けることを、応援してくれました。

母は「近くの高校でもいいんじゃない？」と、少しだけさびしそうでしたけど……。でも、そんなに反対されることもなく、「お前が決めたことなら」と両親がこころよく送り出してくれたのは、いまでも感謝しています。

高岸★ぼくも、前田と同じように中学を卒業するときには近江高校や平安高校（現龍谷大平安高校）さんからも、さそっていただいていました。そんな中から済美高校を選んだのは、ひとつは前田と同じように2004年の甲子園。ぼくは当時、滋賀県に住んでいたんですけど、父

地元の応援と練習のきびしさが決め手でした

親の実家が愛媛にあったので、春休み、夏休み、冬休みはいつも、愛媛で過ごしていました。

甲子園の時期になると、町の人たちがみんな、大きなモニターの前に集まって済美を応援するんです。その光景が目に焼きついていて「ぼくも、済美で甲子園に出たい」という気持ちが自然と生まれてきました。

子どものころからプロに行きたいという夢を持っていて、そのためには高校野球の強豪校に進学したいと思っていたので、迷いはなかったです。

あとは、「済美は日本一、練習がきびしい」という話も聞いていたので、それも大きな決め手になりました。ぼく自身は小学校、中学校での経験から「練習をすればするだけ、成長できる」という実感を持っていました。きびしい練習はたしかにつらいかもしれないけど、日本一きびしい練習が、自分を一番成長させてくれるはず。そんな思いもありましたね。

前田★ぼくも高岸も、15歳で親もとをはなれて、済美で寮生活をはじめたんですけど、初日からいきなり「親のありがたみ」をいたいほど感じました。

創部2年で甲子園優勝はすごい!

「あ、生活するのって、こんなにやらなきゃいけないことがあるんだ……」って(笑)。

高岸★子どものころから、どれだけ両親が自分をサポートしてくれていたのか、すごく実感しました。野球はもちろん、それ以外もふくめて、全部です。あたりまえだと思っていたことが、そうじゃなかった。そういう意味では、けっこう大きな衝撃でした。

前田★一緒にくらしていると、親への感謝ってなかなか生まれにくいじゃないですか。はなれてみて、はじめてわかるというのはよく聞くけど、ぼくらは15歳でそれを経験した。野球はもちろんですけど、いま思うと早い時期にそれに気づかせてくれたことも、ある意味、済美に感謝していることかもしれないです(笑)。

PART 4
フィールディング&トレーニング

FIELDING TRAINING

【守備の基本】

ゴロの捕り方

守備の基本は、まずゴロをしっかりと捕れるようになること。
姿勢を低くして、打球から目をはなさずに捕ることがポイントだ。

①中腰でかまえる

腰を軽く落とし、ひざを少し曲げる。バッターを正面に見るようなイメージでかまえる。

②打球の方向に走る

打球が飛んで来たら、ボールから目をはなさないように低い姿勢のまま走り込む。

姿勢はなるべく低く、早く打球の正面に入る！

ゴロを捕るときは、なるべく姿勢を低くしたまま移動しよう。目線が上下にブレてしまうと、ボールをしっかりと捕ることがむずかしくなってしまう。打球の正面に少しでも早く入るのもポイント。正面でボールを捕ることで、たとえボールをはじいてしまってもうしろにそらすリスクもへるし、なにより捕りやすい！

④打球を見て捕球する

打球がグラブに入る瞬間まで、目をはなさずにしっかりと捕球する。

③打球の正面に入る

なるべく早く打球の正面に入り、腰とグラブを落として捕球の姿勢に入る。

【守備の基本】

グラブ（手首）を立てる

ゴロを捕るときは、グラブをはめた手の手首をしっかりと立てて、なるべく打球に対してグラブの「捕球面」が正面を向くように意識しよう。

OK

グラブをはめた手を立てる

グラブをはめているほうの手首をしっかりと立てる。地面に対してまっすぐよりも、さらに体の方向に曲げるくらいのイメージでないと、グラブが地面と垂直にならない。

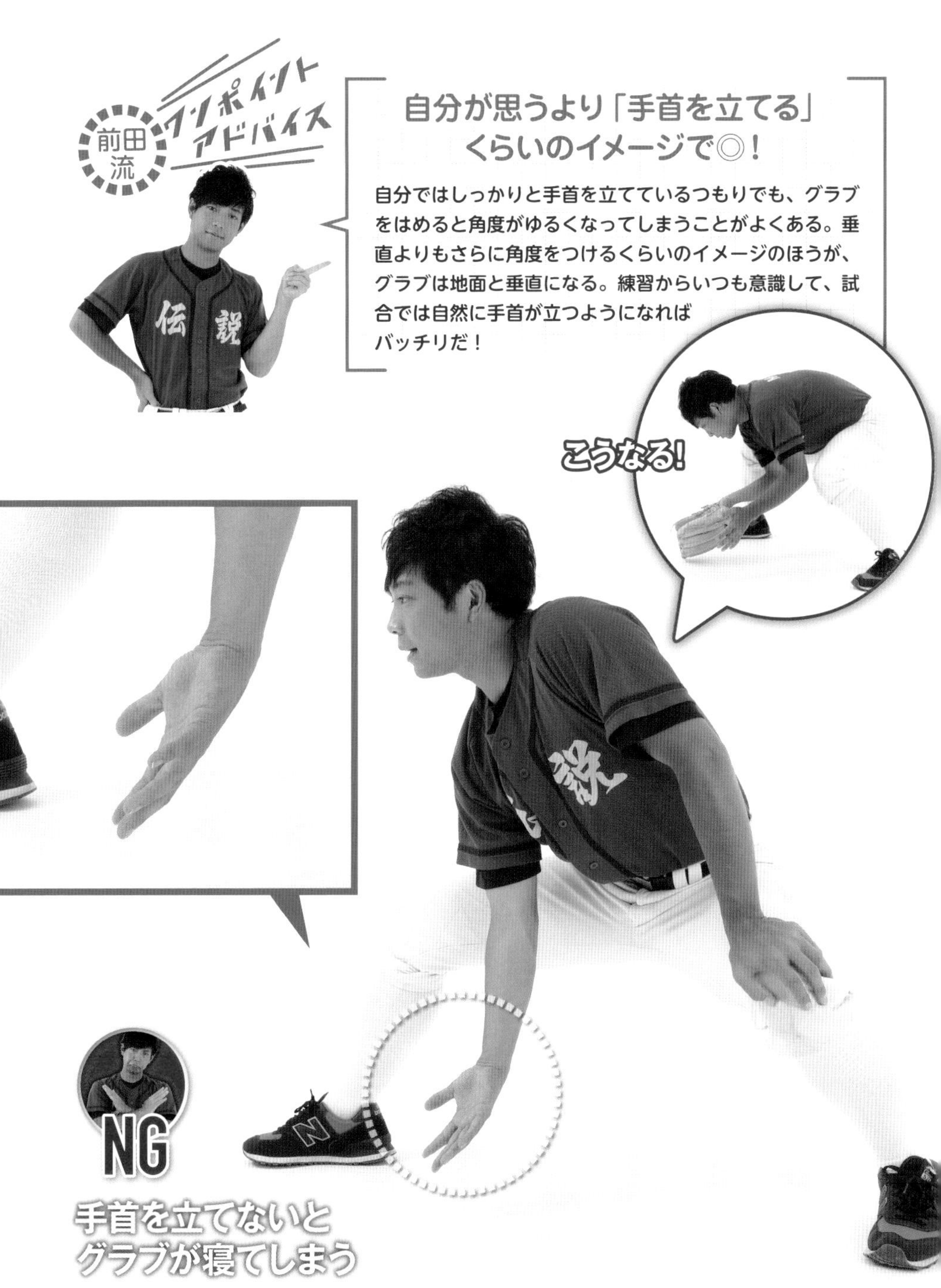

自分が思うより「手首を立てる」くらいのイメージで◎！

自分ではしっかりと手首を立てているつもりでも、グラブをはめると角度がゆるくなってしまうことがよくある。垂直よりもさらに角度をつけるくらいのイメージのほうが、グラブは地面と垂直になる。練習からいつも意識して、試合では自然に手首が立つようになればバッチリだ！

手首を立てないとグラブが寝てしまう

手首をしっかり立てないと、グラブが寝てしまう。捕球面が打球に対して垂直にならないので、ボールをはじいてしまったりうまく捕れない原因に。

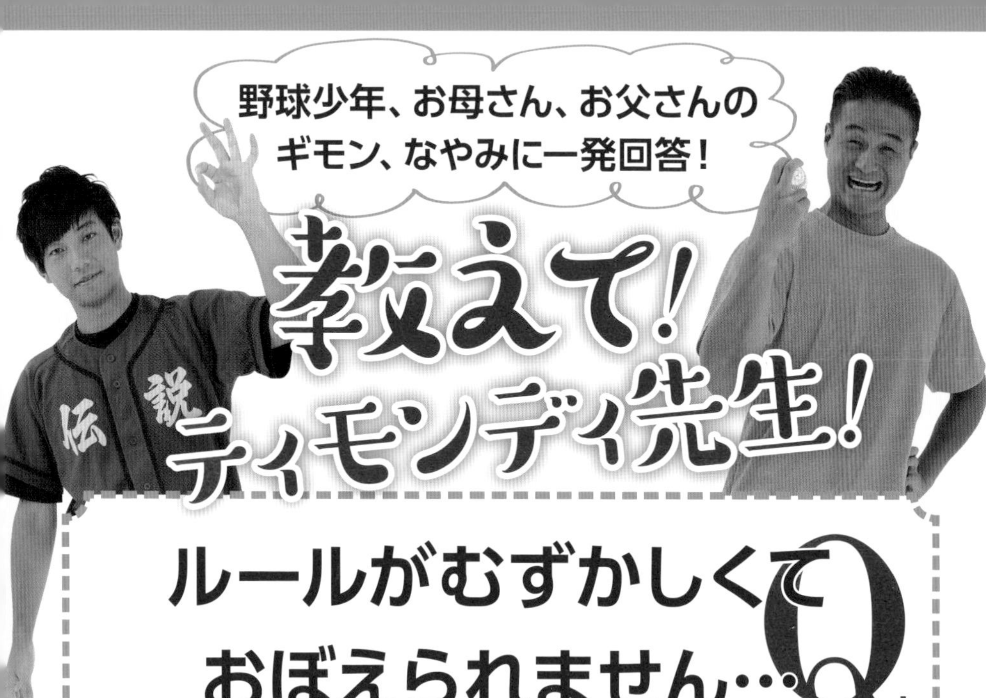

Q ルールがむずかしくておぼえられません…

遊びの延長と考えれば、意外とかんたん！

高岸★ぼく自身、いまでも「野球のルールを完ぺきにおぼえているか？」と言われたらちょっと自信がありません（笑）。そのくらい、野球には細かなルールがたくさんあって、全部をおぼえるのは大変だと思います。

前田★プロ野球選手だって、たぶんすべてのルールを知っている人は少ないよね。プロ野球の試合を見ていても、選手が「あれ？　どっちだっけ？」って混乱しているシーンをたまに見かける。審判だって、ちょっとむずかしいプレーがあると一度試合を止めて、全員が集まってルールを確認し合うくらいだから。

高岸★小学校で言えば、まずはルールを完ぺきにおぼえる必要なんてないと思います。ただ、その中でもまずはおぼえておかなければいけないルールはある。そういうときは、なるべく「遊び」の要素をふやしながら、楽しくおぼえるのが一番だと思う。

前田★小さいころって逆になんでも吸収できる力があるから、楽しめればルールをおぼえるのも意外とやれちゃう。好きなことって、おぼえられるじゃないですか。たとえば勉強がきらいな子がいて、漢字は全然おぼえられないのに、好きなアニメのキャラクターや虫の名前はメチャクチャ知っている子がいたり。だから、野球のルールも楽しみながらおぼえていくと、意外とかんたんに頭の中に入るかもしれない。

ぼくの場合は、野球ゲームがすごく役に立ちましたね。ゲームで遊びながら、いろいろなルールを自然とおぼえていく。「教えられる」というよりは、自分で勝手に「おぼえていく」。だって、ルールを知っていたほうが、絶対に勝てる確率は上がりますから。

高岸★小さいころはとくに、なんでも「勝ち負け」につなげてあげると、「おぼえたい！」という気持ちがわいてくる。野球って、試合の勝ち負けだけじゃなくて、試合中に小さな勝ち負けがいくつもある。ピッチャーとバッターの勝ち負けだったり、盗塁できた、できないの勝ち負けだったり。たとえば、「ヒットを打ったらバッターの勝ち」「けん制でアウトにしたらピッチャーの勝ち」みたいに、小さな勝ち負けを意識させてあげるのも、いいかもしれない。

前田★「楽しくおぼえる」という意味では、子どもたち自身というより、まわりの力のほうが大きい。どうやって「楽しい！」と思わせてあげられるかを、大人たちが考えてあげられると、いいと思います。テレビゲームを使ったり、クイズにしてみたり、やりかたは色々ある。そうやって子どもたちが「夢中」になれれば、意外と「野球のルールはむずかしい」と思わず、あっという間におぼえられる気がしますね。

ゲームを使って楽しみながらおぼえよう！

済美高校での思い出

年末の休みで、世の中の流行をはじめて知る

とにかくきびしかった練習もいまは、よかったと思える

前田★ぼくらのころの済美高校野球部は、とにかく練習がきびしくて、たとえば休日は朝の5～6時起き。そこから、自転車で1時間かけてグラウンドに行って、練習の準備をして、上甲（正典）監督がきたときにはすぐに練習がはじめられるようにしておく。そのまま、夜の11時くらいまではグラウンドでずっと練習……。

高岸★練習の休みも、年末年始の2～3日くらいしかなかったから、とにかく毎日の練習を乗りこえることだけを考えていた。だから逆に、チームメイトとはすぐに仲良くなれた気がします。寮に入ったその日から、みんな

「下の名前で呼ぼう」と決めたり、屋上で素振りしたり。

前田★とにかく「全員で練習をクリアしていこう」という意識が強かったから、たとえばレギュラーとベンチ入りできなかった選手で気まずくなるとか、そういうこともなかったよね。というか、そんな余裕がなかった（笑）。

高岸★寮と学校、グラウンドの行き来しかないから、世の中の情報はいっさい入ってこない。年末の休みで実家に帰って、その数日間だけで流行を知るっていう。

前田★ぼくらのころはちょうど、ＡＫＢ48さんの人気が出てきたころで、「メッチャ人数多いじゃん！」ってビックリしたのをおぼえています（笑）。

高岸★テレビも、寮の食堂に一台しかなくて、食事のときに流れているアニメをひたすら見るだけ。

前田★ケーブルテレビでやっていたドラゴンボールね（笑）。再放送だから、終わったらまた初回から。３年間、そのくり返しだったからメッチャくわしくなった。

高岸★息をぬく時間がほとんどとれないから、自転車でグラウンドまで行く1時間を、なんとかいそいで50分にして、残りの10分を使ってドラッグストアに行ったりもしましたね、ただ、買い食いは禁止なので新発売のグミとかを、ながめるだけですけど。

前田★「引退したら買おうな！」ってみんなで言ってましたね。

高岸★監督さんも、練習も、とにかくきびしくて、練習がいやになることはもちろんありました。でも、野球をきらいになったことはなかったですね。もちろん、練習はきびしければいい、というわけではないです。大事なのは、方向性。正しい方向に向かってやる練習なら、きびしさのぶん成長できるし、あとで「やってよかった」と思える。

前田★ぼくもそうですね。ただ、それはもちろん、「いま、思えば」ではあるけどね（笑）。

買い食いは禁止だから、お菓子をながめるだけ

ティモンディからみんなへ！
野球が上手くなる格言 8

お父さん、お母さんに感謝！

まわりのサポートがないと、野球は続けられない！

前田　子どものころから練習をビデオに録画してくれたり、とにかくあらゆる面でサポートしてくれた両親には感謝しかないです。神奈川から愛媛県の済美高校に進学するときも背中を押してくれたし、いつもぼくのことを応援してくれた。

高岸　ぼくも、母上は夜おそくまでユニフォームを洗ってくれたり、当時はものすごく食べたので大きなおにぎりを何十個も用意してくれたり……父上も練習に付き合ってくれたり。ぼくは足のサイズが30センチあるんですけど、当時はインターネットなんてないからとにかくスポーツ用品店をまわってくれて、サイズの合うスパイクを探してきてくれたりしていました。

前田　子どものころってそれを「あたりまえ」と思ってしまうことがあるけど、高校で寮に入ったり、社会人になってから、自分がどれだけサポートしてもらっていたのか、あらためて気づけました。本当に、ありがとうございます！

【自重トレーニング】

連続ジャンプ

小学生のうちは、自分の体重をつかった「自重トレーニング」をしっかりとおこなおう。
ここでは、ぼく（高岸）がふだんやっている簡単なトレーニング法を紹介！

①両足で立ち、ひざを曲げる

両足を肩幅に広げ、ひざを曲げて思いきりかがむ。

②両足でジャンプ！

反動をつけて両足でなるべく高くジャンプする

前田流 ワンポイントアドバイス

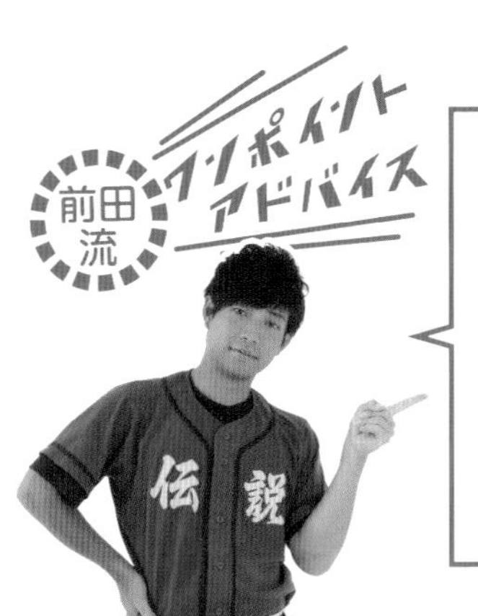

小学生のうちは、自重をつかったトレーニングでOK

体の小さいうちは、ダンベルや重りをつかったトレーニングをする必要はない。小学生の時点では、ここで紹介している連続ジャンプや腕立て伏せ、腹筋など、自分の体重をつかったトレーニングをしっかりとやっておけば、問題なし！本格的なウエイトトレーニングは、成長期が終わったあとからでもおそくないよ！

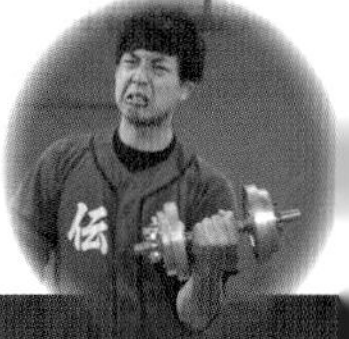

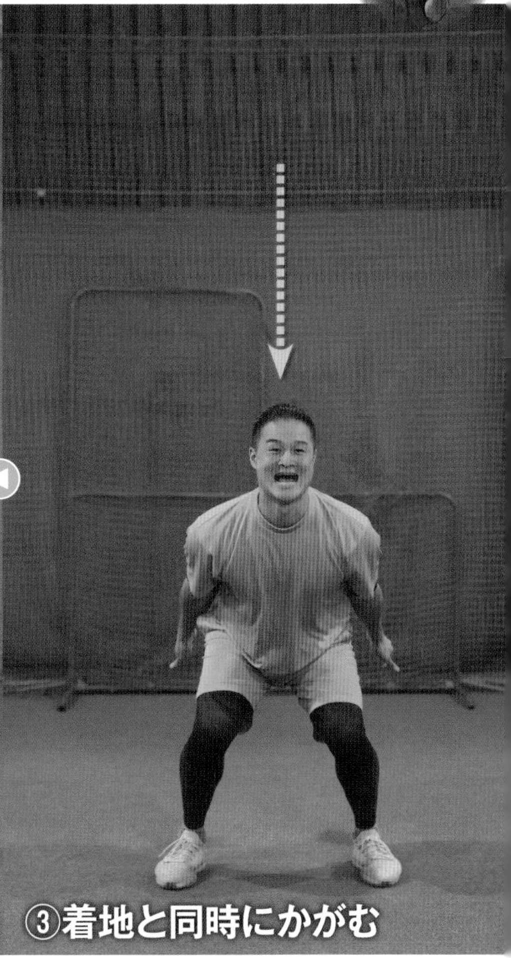

③着地と同時にかがむ

着地したらそのまま①と同じようにかがんだ姿勢になる。

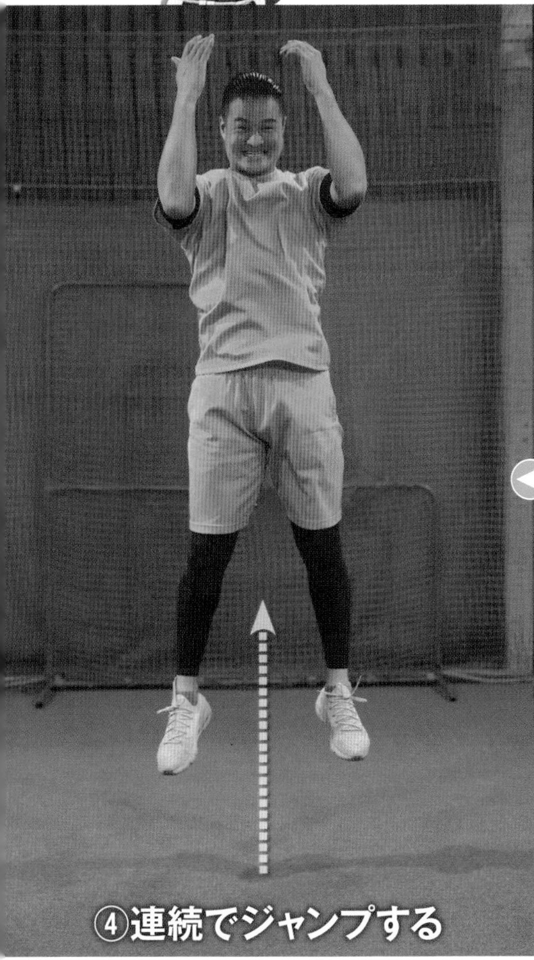

④連続でジャンプする

①～②のジャンプを連続でおこなう。10回を1セットとして、セット数は自分の筋力に応じて増やしていこう。

ティモンディからみんなへ！
野球が上手くなる格言 9

たくさん食べて、大きくなろう！

体が大きいことは、どんなスポーツにも生きてくる！

前田　小学生のころは、とにかく思いっきり、楽しんで野球をやってほしい。その中で、何かひとつアドバイスをするのであれば、「たくさん食べて、大きくなろう！」ということ。体が大きいことは、野球にかぎらず、どんなスポーツにも生かすことができるし、成長期にたくさん食べて背が伸びれば、それだけでパワーもつく。

高岸　ぼくもこどものころはとにかくたくさん食べて、おかげで身長も大きくなった。

前田　細かい技術は、ある程度大きくなってからでも身につけることができる。でも、体を大きくすること、とくに背を伸ばすことは、小学生～中学、高校生くらいまでしかできない。体が大きくなればやれることも増えるし、身につけた技術がすぐに結果に出やすい。とくに小学生のうちは好き嫌いせず、たくさん食べてどんどん大きくなってほしい！

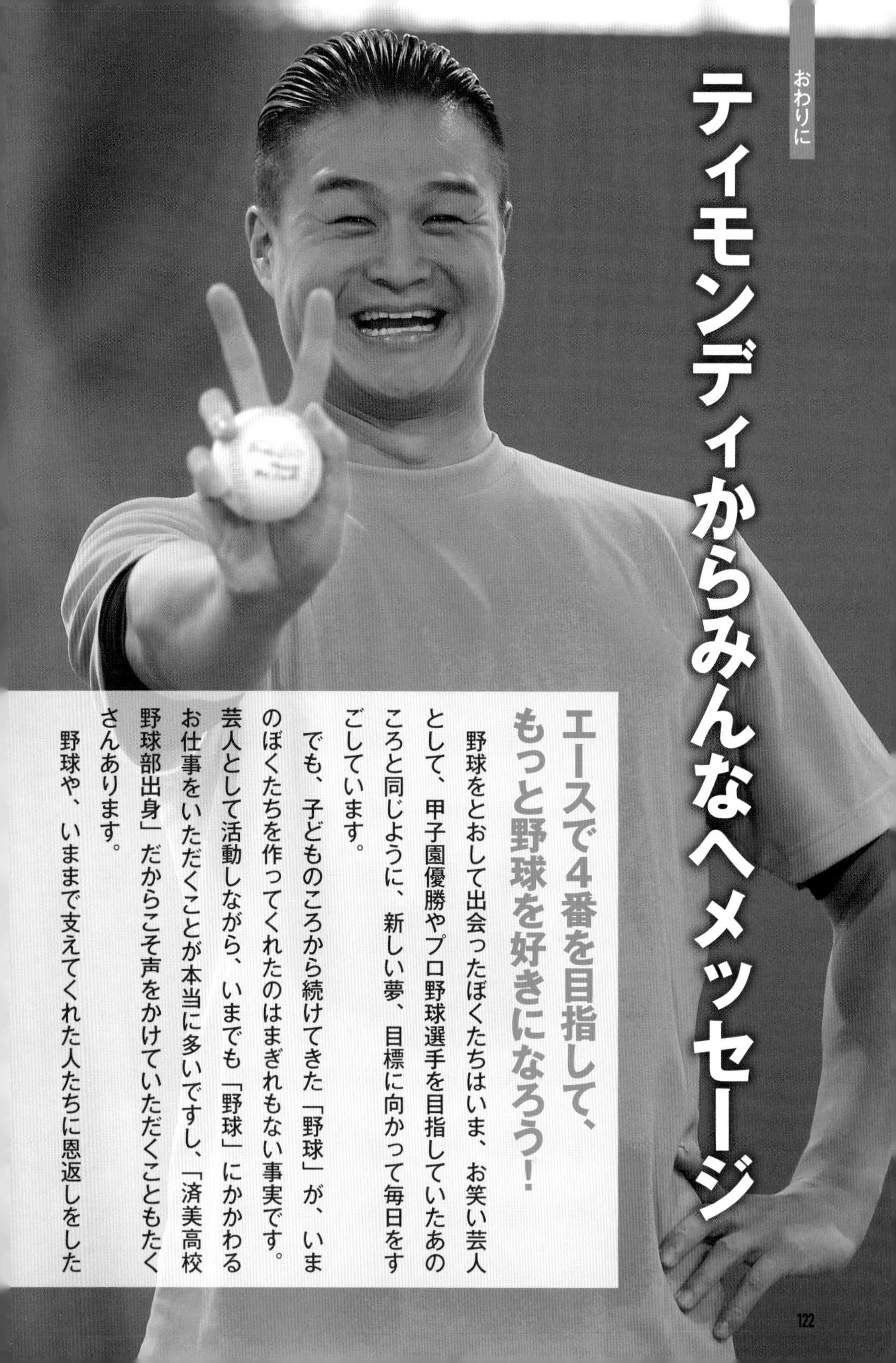

おわりに

ティモンディからみんなへメッセージ

エースで4番を目指して、もっと野球を好きになろう!

野球をとおして出会ったぼくたちはいま、お笑い芸人として、甲子園優勝やプロ野球選手を目指していたあのころと同じように、新しい夢、目標に向かって毎日をすごしています。

でも、子どものころから続けてきた「野球」が、いまのぼくたちを作ってくれたのはまぎれもない事実です。芸人として活動しながら、いまでも「野球」にかかわるお仕事をいただくことが本当に多いですし、「済美高校野球部出身」だからこそ声をかけていただくこともたくさんあります。

野球や、いままで支えてくれた人たちに恩返しをした

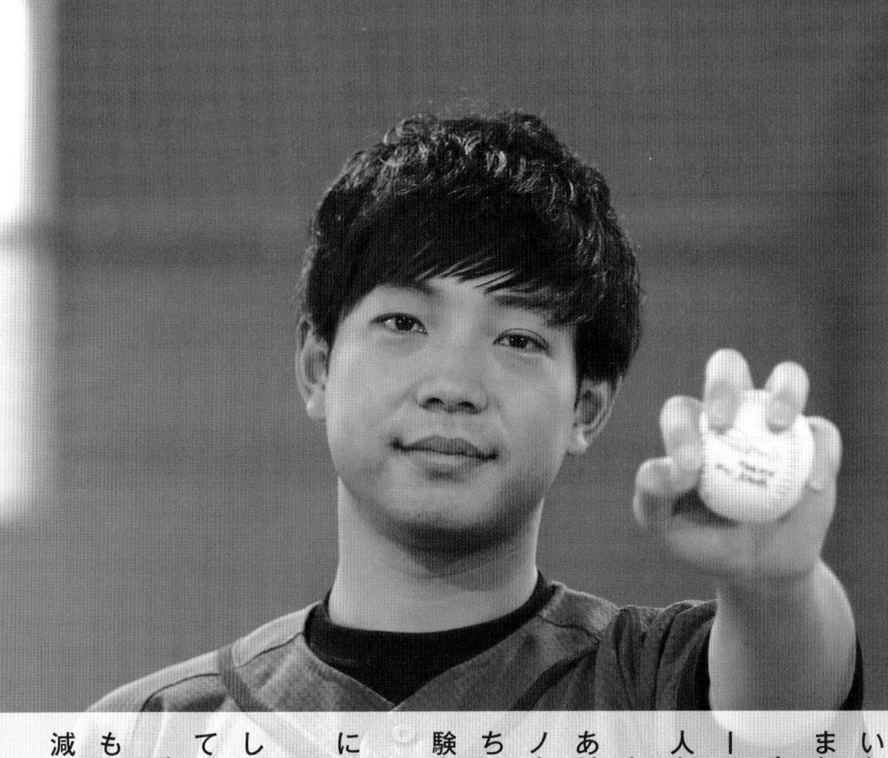

いという気持ちではじめたのに、いまもまだ、野球や、まわりの人たちに支えられています。

今回この『やればできる！ ティモンディのベースボール教室』を作れたのも野球のおかげだし、たくさんの人たちのおかげでもあります。

お笑い芸人として、まだまだかなえたい夢はたくさんあります。なにかをなしとげたわけでもないし、人にモノを教えられる立場でもないかもしれないけど、ぼくたちは野球からいろいろなものをもらって、たくさんの経験をしてきました。

そんな経験を伝えることで、少しでもだれかのヒントになったり、支えになれればと思っています。

いま、「少年野球は大変なんだ」という話をよく耳にします。競技人口が減って、保護者の負担が問題になっていたり、チーム数もどんどん少なくなっている。

プロ野球選手が子どもたちのあこがれの職業なのは昔も今も変わらないけど、そこを「目指す」こどもたちも、減ってきているのかもしれません。

ただ、ぼくたちは野球をやる子どもたち全員に「プロ

おわりに

ティモンディからみんなへメッセージ

野球選手を目指してほしい」と思っているわけではありません。

もちろん、才能があって、努力をして、ようやくたどり着けるプロ野球という舞台は、いまでもぼくらのあこがれです。

でも、プロ野球選手になれなかったからといって、「失敗」では決してない。

ぼくたちもプロ野球選手にはなれなかったけど、そこから新しい夢を見つけて、ちがう形で野球とかかわりながら、芸人として生きています。

済美高校野球部時代、毎日やってくるきびしい練習をこなしながら、「もう、練習したくない」と思ったことは何度もあります。でも、野球がきらいになることは、最後までありませんでした。

野球は、やっぱりメチャクチャ楽しいです。僕らは子どものころにそれを体験できたから、野球を好きでい続けることができた。

だから、これから野球をはじめようと思っている子や、いま野球をやっている子にも、「野球は楽しい」と思っ

てもらいたいんです。

全員にプロ野球選手を目指してほしいとは思っていないけど、全員に「野球を好きでいてほしい」とは、本気で思っています。

野球には、投げる、打つ、捕る、走る……といった、いろいろなプレーがあります。その中でもやっぱり、「速いボールを投げる」「ホームランを打つ」ことは一番わかりやすいし、一番楽しさを実感しやすい。

子どものころは、細かいことなど考えずに、純粋に「速いボールを投げたい！」「ホームランを打ちたい」と思って、せいいっぱい、野球を楽しむことに夢中になってほしい。

保護者のかたや、指導者のかたにも、ぼくらがえらそうなことを言える立場ではないかもしれないけど、少年野球を経験してきた人間として、子どもたちに野球を「楽しいな」「好きだな」と思ってもらえるようなサポートをしてほしいなと思っています。

小学生はまだまだ発育の途中。これから、どんな成長をしていくか、だれにもわかりません。だから、もしも

「大きくなったら野球選手になりたい！」という子がいたら、エースで4番を目指せ！ と声をかけてほしい。

勝ち負けはもちろん大切だけど、それよりも子どもの可能性を信じて、もっと速いボールを投げるには……もっと遠くに打球を飛ばすには……を考えてあげれば、きっとその子はいまよりもっと野球が好きになって、もっと上手くなると思います。

もちろん、ぼくらも芸人としてまだまだ足りないものは山ほどあります。かなえたい夢や目標も、たくさんあります。だからこそ、そこに向かって挑戦は続けていくし、たくさんの人を応援できるよう、応援してもらえるように、前に進んでいくつもりです。

だから、みんなも一緒に、がんばりましょう！

みんなら、やれば、できる！

2021年1月

ティモンディ　高岸宏行

前田裕太

著者プロフィール

前田裕太
（まえだ・ゆうた）

1992年8月25日生まれ。
神奈川県出身、血液型B型。
趣味はサッカー観戦、読書。
2011年済美高校卒、2015年駒澤大学卒。
2016年明治大学法科大学院中退。
ツッコミ担当。
高校最後の夏（県大会）は一塁コーチャー。
Twitter　https://twitter.com/TimonD_Maeda

高岸宏行
（たかぎし・ひろゆき）

1992年10月8日生まれ。
愛媛県出身、血液型A型。
趣味は温泉・神社巡り、トレーニング。
最高球速150kmの豪腕の持ち主。
2011年済美高校卒、2015年東洋大学卒。
ボケ担当。
高校最後の夏は投手。
Twitter　https://twitter.com/timon_chan_

ティモンディベースボールTV

https://www.youtube.com/channel/UC7M5B6wHkVRtODeNK2Q7BmQ/featured

撮影協力　**ベースランド新木場**　https://baseland.co.jp/

江東区で学童野球以上の練習場を提供しているベースランド新木場は、バッティング練習からフィールディング練習まで幅広く行える広々としたスペースやバッティングマシーンをご用意しております。天候に左右されることなく集中してトレーニングに励むことができるように、綺麗に整えられた人工芝の室内グラウンドをご提供しておりますので、週末の練習場所の確保や長引く天候不順等にお困りでしたら、ぜひお気軽にご相談ください。

STAFF
編集　岩田裕介（日本文芸社）
デザイン　田中宏幸（田中図案室）
ヘアメイク　片桐麻子
撮影　天野憲仁（日本文芸社）
編集アシスタント　NORI
協力　株式会社 グレープカンパニー
構成·編集　花田雪

やればできる！ ティモンディのベースボール教室

2021年2月10日　第1刷発行

著　者　ティモンディ
発行者　吉田芳史
印刷所　株式会社 暁印刷
製本所　大口製本印刷 株式会社
発行所　株式会社 日本文芸社
〒135-0001 東京都江東区毛利2-10-18 OCMビル
TEL 03-5638-1660［代表］

内容に関する問い合わせは、小社ウェブサイトお問い合わせフォームまでお願いいたします。
URL https://www.nihonbungeisha.co.jp/

Printed in Japan 112210126-112210126Ⓝ01 (210076)
ISBN978-4-537-21865-7
編集担当　岩田裕介